LOCUS

LOCUS

LOCUS

LOCUS

Smile, please

Smile 167

最高！極品1人樣

Party of One

劉黎兒　著
Emily Chan　圖
編輯　連翠茉
校對　呂佳真
美術設計　許慈力

出版者：大塊文化出版股份有限公司
台北市105南京東路四段25號11樓
www.locuspublishing.com
讀者服務專線：0800-006689
TEL：(02) 87123898
FAX：(02) 87123897
郵撥帳號：18955675
戶名：大塊文化出版股份有限公司
e-mail:locus@locuspublishing.com
法律顧問：董安丹律師、顧慕堯律師

總經銷：大和書報圖書股份有限公司
地址：新北市新莊區五工五路2號
TEL：(02) 89902588 (代表號)
FAX：(02) 22901658
初版一刷：2019年11月
定價：新台幣 300 元
ISBN 978-986-5406-14-1
Printed in Taiwan

國家圖書館出版品預行編目資料

最高！極品 1 人樣 / 劉黎兒著 . --
初版 . -- 臺北市：大塊文化，2019.11
面；　公分 . -- (smile ; 167)
ISBN 978-986-5406-14-1(平裝)

1. 社會發展 2. 日本

540.931　　108015585

最高！
極品1人類

劉黎兒
著

PARTY OF
ONE

Emily Chan
圖

目錄

享受吧！一個人

一個人也可以……

推薦序

二分化的直覺偏誤

黃麗燕
李奧貝納集團執行長暨大中華區總裁

「你怎麼慶祝你的六十大壽啊？」開會時，同事突然問我。

「當天我起了個早，泡了一壺最愛的伯爵茶，烤了兩片吐司，望著窗外，白雲片片，看著陽光灑入，大聲的唱出：Happy Birthday to You. Happy Birthday to Margaret，……還開心的轉了兩圈，幫自己拍拍手，享受那份充滿全身的幸福感……」話才剛說完，就有幾個同事此起彼落。「不會吧！」「太慘了！」「好可憐喔！」還有人衝去買了小蛋糕，幫我補唱生日歌……XD

台灣的社會集體期望，尤其是我們那一代，甚至上一代的傳統價值，加諸於人們的壓力恐怕不小於日本。年輕時常有人問我，怎麼不結婚？過了三十五歲，任何聽到我還沒結婚，就用很同情的眼光看著我，這些在我身邊從不曾少過，特別是在三、四十歲職場拚搏的黃金時期，同時也是傳統社會希望女生一定要嫁掉的保鮮時期，從同輩到長輩而來的叮嚀更是「餘音繞梁」。過了四十五歲，聽到我還是單身後，反而投以羨慕眼光。其實單身好不好，完全看個人，很多人結婚也跟單身一樣，更有些單身的人日子卻過得跟結婚或多婚一樣！

我非常喜歡工作——我喜歡在工作中創造價值，尤其是讓我身邊的人因為我而增值。我總開玩笑說：「以後要在我的墓碑上刻上『圖利他人』的墓誌銘。」奮力工作，讓我身邊的人因此得利，我每天腦子不斷地轉，思考品牌成長的機會，並且努力實踐讓機會成真，那是我最快樂的時候。

但是這樣的快樂，不一定是每個人都能認可的。所以我常常很慶幸自己是單身，更幸運的是也不太會感覺孤單，反而總是覺得時間不夠用，真的很難想像，如果我有另一半，我的時間會如何的被擠壓……（但看到已結婚的作

者生活的多采多姿，還出了四十幾本書，同時幫台灣、日本，各大報社、雜誌寫專欄，就只能跟她立正敬禮了。☺）

在《最高！極品1人樣》書中，作者劉黎兒小姐不僅用她宏觀的眼界，看到群居社會下一個人生活的趨勢，更以她細膩的微觀察力將日本「1人樣」的生活型態描繪得淋漓盡致，更為喜歡一個人生活，也已經習慣一個人生活的「母胎單身族」發出不平之鳴。作者道出我一直想對許多認為我的人生很無趣、寂寞、淒涼的朋友說的話：「結婚或不結婚的人生同樣尊貴。」

我也非常認同書中所說的很多論點，例如一個人反而可以成為生活高手（可惜我這方面很弱☹），一個人也能改變世界，音樂家黑田卓也、老牌女演員樹木希林，也都擁有崇高的藝術地位。但如果真要說一個人生活有什麼困難或麻煩的事，大概就是我膝蓋開刀後在家，沒人可以幫忙的窘境吧！

我們很容易陷入「二分化的直覺偏誤」，認為一個人就可以很自由，結婚就會有很多束縛，其實很多事是我們自己給自己的限制 也因此，一個人的生活絕對不是「無法兩個人一起生活」的替代品，而是一個人生的選擇。結婚的人也可以創造出一個人的生活，只是時間的長短差別罷了。

感謝作者劉黎兒小姐總是用充滿溫度的細膩筆觸，帶我們進入這麼多人生型態的選擇。我不確定你是因為什麼原因拿起或是買了這本書的，但請你務必相信：「一個人」的人生真的可以很精彩，即使你已結了婚。

自序

任何人都想當一個人，1人樣　最高！

劉黎兒

單身一人、獨居一人，或寄居一人，一個人，或日文說的「1人樣（HITORISAMA）」，現時正在引領時代風騷，影響全球的消費意識、生活意識，乃至人生選擇！

才不出幾年，日本、台灣乃至世界各地，一人家庭比例不斷提高，像日本預計二〇四〇年單身戶將達四成，或許不到二〇五〇年，就會超過半數了。單身戶多的solo社會來臨，一個人家庭即將成為多數，一個人，當然可以更抬頭挺胸。事實上，每個人原本就是一個人，即使已婚有子女，到頭來還是一個人，平時也要一個人才好，因為一個人才可以真正擁有屬於自己的時間、世界。

每個人都想當一個人，一個人，最受羨慕，也最應被尊重。

不必等二〇四〇或二〇五〇，即使現在，在大家庭或是任何職場裡，每個人其實都在不斷加速單一個別化，原有的溝通越來越稀薄。這是相當「個化」的時代，個化，一方面是個人化——個人被要求對應生活中種種風險，也不斷要求個人自我負責，也因此個人只好學會不依賴人。既然個人自我責任大，按理個人的權利，尤其是社會地位也應該跟著擴大，但是東方社會不論制度或社會風氣，還是很歧視單身，這是很不符合現實的，一個人應該擁有更多公民權才對。

另一方面，更快速發展的是ＡＩ之下的個化，整個世界積極在對所有的「個」個別加緊進行優化（最適化、optimization），將所有消費、行動都針對個人進行累積數據及分析，配合推出每一個人最喜愛的事物，越來越精緻，比你自己或你的情人還更了解你，每個人不論單身或已婚，不論獨居或與多數人同居等，至少在網路上都是被自己喜愛的言論、消費所包圍，個人喜好越加偏執化。

例如相愛的兩人抱著窩在沙發一起看影片，但卻各自看各自的影片，因為各自的終端機器（平板電腦或連結網路的電視機等收視機器）不斷來推銷各自喜愛的影片，一起共有一部影片記憶的機會越來越少，思想與行動也越來越個別化！

這樣的狀況，其實是所有單身或獨居的一個人早就開始體驗了，但至今的一個人是隨自己的意思來做選擇，而不是被ＡＩ強制推銷而個別化，主導意識強，較不會隨波逐流，所以面對ＡＩ時代，一個人之懂得如何維護自我、堅持感受與經驗，非常珍貴，值得全人類學習，才不會任由ＡＩ主宰一切。

ＡＩ時代，獨立的一個人價值更高。

一個人，並非只是孤立化，也是自由化、自主化、獨立化，在凡事個別化的時代，透過網路很快就可以和趣味相投的人連結，要寂寞並不容易；相對的，一個人反而更容易生活得充實，因為獨處的機會多，可以享受人擠人社會裡難得的孤獨，不斷審視自己，不斷跟自己對話。

「孤獨」已經不再是負面字眼，許多人和家人同住最羨慕的就是孤獨，甚至不惜搞出「迷你出走」以尋找、享受孤獨。每個人都想擁有單獨、專注於某事物的時間，因為只有全面傾注才能真正體會到最充實的感覺，這種享受，一直是一個人的特權，有家庭的人只能東拼西湊擠出一點屬於自己的時間以獎勵自己，但一個人則可以擁有許多不被「邪魔（JYAMA，干擾）」的時間。

一個人不僅擁有珍貴的無干擾時間，也擁有無干擾空間，乃至無干擾的心志與力量，沒有家庭的負擔，更敢於衝刺與冒險，以至於許多創業、新的工作型態或生活型態，都是由一個人發現，甚至某些需要犧牲奉獻的事業，也常因一個人的全力投入才辦得到。

1人樣，不僅生活及人生選項多，是「最高（SAIKOU）」的狀態，各方面的表現上也是「最高」的。

日本從明治時代到一九八〇年代，五十歲前都沒結過一次婚的「生涯未婚率」是百分之一到百分之五，也就是在大家都結婚的所謂「皆婚時代」，長年以來結婚生子儼然一種社會規範，但現實上，二〇一五年男人的生涯未婚率已達二十三．三十七，女人也達十四．〇六，「皆婚」反而變得異常了。今後的時代不論已婚未婚，一個人具有獨立、快樂活下去的能力最為重要，這不是負擔，是值得謳歌的事，好好自主生活的一個人會告訴你，這樣的人生才是人間極品！

就是想一個人

一個人也是家

我不是單身，但許許多多朋友都是單身，而且越來越多，即使被懷疑沒有戀愛過的悲情「母胎單身」，也不覺得需要結束一人生活。月子就一直一個人，她說：「我一個人就是一個家庭，小家庭的定義應該與時俱進！我早就『成家』了！」

像月子一樣認為單身生活絕非婚前過渡期的人很多，而且不僅女性，有些單身男自己租屋、買房，即使仍寄居原生家庭（父母的家庭，子女未組新家庭），也過著雅致、滿喫、至高無上的「1人樣生活」、「Solo生活」，一點也不將就。

台灣、日本或其他東方社會，往往把「單身」跟「孤獨」畫等號，然後又連結「寂寞」「淒涼」，認為是不好、負面的事，以至於單身的人往往被迫（不得不結婚），甚至有罪惡感、不安感。

月子說：「由於長年被洗腦，害我也覺得老後如果自己一個人在家抱電鍋吃飯，或自己倒茶喝、看電視，好像很悲哀可憐！但明明不是這樣，我自己選擇一個人生活，不必配合別人，別人也不需配合我，完全是最舒服的狀態，比起不得不去配合別人，我的人生多了好幾倍的成熟與充實！」

雖然我也自認過著成熟充實的婚姻生活，但自由的月子還是常讓我羨慕，畢竟有家人的家庭還是需要互相配合，有些已婚友人常會每隔幾個月搞「迷你失蹤」，就是為了享受單獨、孤獨，而我偶爾有機會一個人吃飯、喝咖啡，也開心無比。

不僅如此，許多「一人家庭」都過得比「一人以上家庭」更為細緻優雅。無關有錢沒錢，一人自炊比例越來越高，連單身男人帶便當也隨處可見，大家日子過得一點也不馬虎，已婚家庭看得到的妥協產品，一人家庭不會隨便將就，擇善固執。

雖然有些功能確實是已婚家庭才能達到，例如練習討好家人，以便培養拍馬屁的社會性等，但不能否認許多境界反而只有一個人才能完成。一個人比較容易活出自己，也因此單身在日本被認為是「能品嘗孤獨的選民」，極品的成熟選民，有別於過去認為單身幼稚、不算大人的看法。日本早已認清現今社會不是人人「皆婚」的社會，未來「一人家庭」將比「一人以上家庭」多。單身男女早就可以大聲說：「一個人也是家！我所在之處就是家！」

孤獨是顯學

這個時代，誰都可能一個人生活，誰都可能獨處，「孤獨」已成為顯學，不論日本或台灣，相關書籍接連出現，孤獨更變成高貴、深度的時間，懂得一個人自處，往往也是生活高手，讓人想拜他為師。

不僅單身男女，任何人都可能隨時變成一個人，或許離鄉背井出外討生活，或許失去父母、伴侶，甚至結婚也可能因為離異等原因，到頭來還是一個人。甚至有些男女日久關係改變，未來不會比現在更好，分手又會辛酸，所以不勉強結合，即使結合也各自生活，發現不住一起才是正解，不僅互相都能維持最完整的自己，且讓對方看到彼此最美好的部分，即使幾分虛假也不是壞事，偶爾淡如水也不錯。

或許日本人都對孤獨很有體驗，絕大多數曾因父母工作的關係經歷過轉學，和班上同學有點距離，總是從遠處觀望人群的處境，大家多少都有。作家五木寬之，長期享有盛名，作品更是暢銷不墜，但他卻說也會感覺孤獨，而且喜歡寫孤獨，就是因為自己小學、中學時期都曾轉學過三次，和在當地長大的孩子比起來，較容易有遭孤立的感覺；甚或有人像我一樣，幼年曾因生病休學在家一陣子，也體驗了孤獨。類似的孤獨感，在西方人看來並不奇怪，但東方社會還是認為不正常，歸咎是當事人適應不良。

孤獨未必指一個人獨處，也是在眾人中不喪失自己的模樣。單身的人比別人更習慣自處，更會享受孤獨，也更有「個性」，現今時代需要這樣的人。

譬如一個人很會生活，知道如何買味道好而價格便宜的葡萄酒，或很會調製香醇的咖啡，做出美味料理等，懂得如何擁有CP值高的生活，這種智慧不僅是長壽時代所需，也是未來每一個人的生活終究不可或缺的。再則，一個人奉行所謂「少就是多」的「極簡主義」，不讓物品變成自己的主人，一開始就拋棄貯物迷思，不需日後再來搞「斷捨離」等，日常反而更滿足、更自由，往往才是真正的生活高手，讓人都想徵詢他們的建議、拜他們為師呢！

孤獨的價值至高無上

二〇一八年九月日本北海道發生地震，大停電後，每個人最想做的一件事就是幫手機充電，在各組織單位到處設立的充電站裡，看到自己的手機終於可以充電，眾人歡呼不已，直說「超開心」。與他人連結是人類非常重要的本質，也是生存本能。人很害怕只有自己落單，現代人生怕錯過ＳＮＳ群組的議論等，就如同小學生上廁所也要成群結隊一樣。

不過，這些都源於擔心被孤立，不同於孤獨，孤獨具有的高度價值，極品一人就很懂得珍惜。孤獨也不是寂寞，像朋友彰博說「我因為寂寞，所以結婚；不料，結了婚，寂寞變兩倍」，甚至不久就離婚了，正是他沒想清楚，其實任誰都是孤獨，即使伴侶之間感情再好，也無法完全融為一體，落差感才會那麼深吧！

有些人雖然一個人，但不寂寞；有的人即使被眾人包圍，卻感到寂寞。寂寞或孤獨都非負面，像我一個人自處時一點也不寂寞，相反的，不必在乎任何人，超自在，倒是去到人多的宴會等場合，即使周遭有不少認識的人，打不完的招呼，往往還是覺得自己不屬於這個地方，突然冷眼看起眾人。

日本最近好幾位熟年主婦獲得芥川獎，其中一位在得獎感言表示「主婦是孤獨的」，過去甚至她們有人用「孤島」形容自己，即使家人在身旁，還是覺得孤獨，才想用文學抒發欲望與可能。當然，也有許多男人在家庭找不到安身立命的地方，同樣感到孤獨。

又如某些有錢人，只要花錢什麼都能買，情人、朋友、工作夥伴等，隨時可以呼朋引伴，為眾人包圍，但突然有一天，發現這些以金錢換來的關係，只是徒增淒涼罷了。

因此，若理解孤獨的本質，就會知道任何人隨時都會孤獨，且無法靠別人消滅孤獨。但也因為孤獨，才能和內心深處的自我對話，認識自己、理解自己，不迷失自己、隨波逐流，不輕易諂媚他人。

日本著名的哲學家三木清在他的《人生論》裡說，「孤獨，不在山裡，而在市區裡；不在一個人時，而在眾人群聚時」。現在網路社會，無限時空、無遠弗屆，無論家人、朋友、同事，甚至剛剛交換才LINE的人，大家隨時都在發生關係，或處理各種事，但這並不表示孤獨就消失了。

現代人大抵都得了「聯繫肥滿症」，喪失孤獨的能力，無法感受孤獨的魅力，其實孤獨妙用無窮，極品一人更以享有孤獨而自傲！

女人喜歡單獨行動

或許很多人覺得女人比較喜歡成群結隊，事實上男人的集體性格更強。日本男人從小就有成群去小便的習慣，叫作「turesyon」，長大後也還是喜歡團體行動，否則就不大動，反而是女人超乎想像的獨立，日本各地都可看到她們一個人的行蹤。

有一項關於東京單身女性的調查顯示，百分之六十五的比率喜歡獨自行動，七成以上都曾體驗一個人出門去玩，也就是所謂的「一人休閒」，其中有百分之九十六曾自己去高檔餐廳吃飯，六成去旅行，七成以上逛美術館、看電影或參加運動比賽。而她們的共同原因都是可以不在乎任何人，自由自在，按照自己的節奏，極端放鬆。

像朋友繭子就說：「看電影想哭的時候，我想盡情哭，拚命用手帕擦也行，不想偷偷掉眼淚！」月子也是，她說：「逛美術館最顯個人差異，我想好好在自己喜歡的作品前慢慢觀賞、完全沉浸在作品世界裡，不想被干擾，但同行的人可能只想走馬看花，或看看不同的作品，去美術館 Café 喝咖啡的時點也不會一樣，真的還是一個人去最好！」

繭子則常常一個人去聽音樂會，為此還有人說她：「怎麼淪落到連個一起聽音樂的伴都沒有？」現在沒有人這樣問了，因為連已婚朋友都想自己去聆聽音樂會，否則萬一到了最想聽的曲目，偏偏同行者來搭訕，那就慘了，豈不白來了，還枉費先前守在電腦前搶票的工夫呢！

另外，月子不論再忙、沒時間出外旅行，偶爾還是會為了遠離日常生活，單獨投宿東京都內的飯店，把它當作休閒基地，讓人幫自己按摩、塑身，或享受飯店裡的各種設備。意外的是，除了她這樣的東京人之外，有此同好的外地觀光客也不多，人少服務好，讓她像是做了一趟最輕鬆的旅行。在各式房間裡寫寫日記、到附近地區散步，甚至在熟悉的東京有了新發現。她居住在武藏野市的三鷹，偶爾投宿銀座或皇居附近的飯店，當銀座等地的一日居民，觀察東京都心二十四小時的面目，對她企畫各種都會商品也有不少幫助。

單獨到神社寺院參拜的女性也越來越多，男人反而比較少見，顯然女人對自己的人生比較有期許。另一方面，許多女人也是因為擔心同他人一起參拜，可能破壞自我回顧與展望未來的「內觀」機會，或耽擱自己來寺院好好「洗心」，獲得新生的時間。或許有人覺得上寺院參拜或到教堂禮拜，應該是闔家或眾人一起舉行的儀式，但內觀、洗心、懺悔、祈禱畢竟還是很個人的行為，也回到參詣寺社等最純樸的原點。一個人也是一個家庭，且一個人不斷更新自己，不斷藉各種力量充電，更是理所當然的事。在一個人逐漸成為多數的現今社會，自己一個人行動最自然，而女人最了解這點了，因此生命力比男人強。據傳熟年喪偶後的男人壽命比沒喪偶的短十年，女人卻反而長，可見她們很會一個人過好日子呢！

一個人的時間可是很珍貴

許多單身男女常被同事或朋友說：「反正你回家也是一個人，這事就拜託你了！」一邊硬把工作丟過來，或一副很同情地說：「你只有一個人，就來參加一下嘛！」不由分說就拉他們加入各種活動的基本成員。

拿極品一人充當雜事雜務的「墊底」，就常氣壞了月子，因為就算沒伴侶，她「1人樣」的時間也是非常珍貴的，絕對不輸給想回去陪伴妻兒的人。面對世間這種對單身的歧視，月子總會糾正說：「我很忙的，時間都不夠呢！這次就饒了我吧！好不容易我也想要做點自己想做的事！」

月子認為除了享受美食、單獨旅行外，自己想做的事還有好多，像偶爾去美膚沙龍做個臉，或到附近的SPA泡個湯。東京都內非常多只需八百日幣就能泡天然溫泉、三溫暖的地方。一個人更須注意內外的健與美，才能活得精彩。

繭子則覺得「1人樣」最理解自己，擁有各種美妙的心靈抽屜，可以隨時對應各種狀態，自在扮演各種不同的角色，並藉此琢磨自己。像是遇有一個人的時間，她就想去坐禪，甚至還遠征京都。古都的坐禪體驗，聽起來不同凡響，大家都想跟著去，但她覺得畢竟是究極的清靜時間，可以完全進入一個人世界，沒有朋友作陪，才能透過靜坐凝視自己，不辜負體悟修行的本意。

繭子也喜歡瑜伽等追求與萬物調和的活動，能理解自己的精神世界，有助於自我控制，而且做些有氧運動，有益健康。這類同樣比較個人的部分，她也希望和不認識的人一起進行，感覺會很放鬆。

就因為這樣忙，未必能隨時參加聚會，因此繭子和月子常與其他朋友開網路酒宴，透過視訊面對面乾杯、聊天，不僅看得見對方喝的酒以及下酒小菜，說起什麼，又能隨時就近找出資料給對方看，比在居酒屋還便利呢！而且不用出門，穿扮自在，姿勢也舒服，聊起性愛或感情話題，也不怕當場尷尬，更不必擔心錯過最後一班電車等，難怪在極品一人之間盛行。

悠太朗的看法是，其實單身擁有的時間並非想像中充裕，想看的書或漫畫，還有電影、YouTube 影片卻太多太多了，整個世界等待去消化的資訊或體驗不勝枚舉，一個人回家不是就沒事做，並非如那些已婚同事所說的「閒著也是閒著」！

而如果有完整的一天，悠太朗也喜歡租車出門兜風，尤其是他最愛的「道之驛」之旅。「道之驛」是近二十年日本各地公路旁紛紛設置的休息站，兼營當地特色的農民市場、主題設施（如溫泉、天文館、遊樂園等等），非常有意思，全日本現在約有一千兩百座「道之驛」。

悠太朗覺得此時車內放上自己喜愛的音樂，吃點自己喜愛的零食，就是最滿足的迷你一人旅。開車不是為別人跑腿，一個人可去任何地方，甚至隨時改變主意，偶爾從車子後視鏡看到自己，都對自己眼前的狀態感到滿意。或許1人樣就是需要這樣的自戀自愛，更能不時為自己充電！

結婚的CP值太差

日本在二〇一八年底公布，根據二〇一七年人口動態統計推算，去年日本誕生嬰兒九十四萬一千人，創下史上新低。不過許多專家指出，這並非因為結婚的夫妻不生孩子，而是不結婚的人不斷增加。為什麼日本年輕人選擇不結婚呢？那是因為結婚的CP值太低了，尤其女人更是有很多理由不想結婚。

現代年輕人不結婚的理由，和傳統老一輩的很不同。

我認識一位九十四歲的書法老師和子，一直以來始終不婚，她說：「當初適婚時，正好日本在打二戰，政府一直要婦女增產報國，多生孩子以便送到戰場去，讓我為此心生抗拒，堅持不肯結婚。幸好母親很開明，也支持我的看法！活到現在，我依然毫無遺憾，自己想做的事都做了！」

和子單純因為反戰思想而堅持單身，現在的年輕人又是為什麼呢？

日本二十年後，單身將佔人口的百分之五或，一個人生活的佔四成，其中半數出於自己的意志而不想結婚，也就是所謂的「solo 男」、「solo 女」。這些 solo 女對於結婚對象的年收等經濟條件絕不妥協，solo 男則不願為婚姻壓縮自己現有的生活水準，也就是不願意負擔對方的經濟，以至於許多日本女人逼婚，還要出示自己的存摺，並表示不會因結婚辭掉工作。

solo 男、solo 女都是非常注重 CP 值的實利主義者。本質上，一旦擁有家庭 CP 值就變不好，年輕人一經合理的計算，就會越來越不想結婚。為了結婚生子的歡娛，必須付出相當代價，單是成為全職主婦就可損失 X 億日幣，儼然是風險，至此就不再繼續算下去。

結婚又如何？像是婚姻能讓人生安定、生活有所支撐等機能，年輕人已經不再嚮往，尤其當他們的處境逐漸貧困化，自覺和結婚生子無緣，得出的結論是，「結婚或不結婚的人生同樣尊貴」，而只要選擇不結婚的人互相依靠、彼此尊重，而且越來越多，就會有光明的終身不婚時代，讓不結婚的人不必焦慮。近期日本強調要成為讓女人發光發亮的社會，以鼓勵女人努力工作，女人更不覺得結婚的必要，未婚率加速提高，也等同宣布既有的少子化對策失效。

現在不結婚的女人越來越多，而不結婚的女人的形象早已不是「古怪孤僻老處女」了，而是像二〇一七年日劇《月薪嬌妻》裡，那位五十歲左右、美麗又善解人意的石田百合子，外貌性格都不差，想跟她們結婚的男人似乎並不少。但這樣的女人為什麼也不結婚呢？原因很多。

主要是，一、熱愛工作或是從中獲得的快感超過一切。許多能幹或是負責要職的女強人都沒結婚；二、精神或經濟上都很獨立自主，性格豪爽乾脆，不結婚也無所謂。尤其收入頗豐的女人，日子過得快活，反而擔心因為結婚而失去一切，她們常把「女人不結婚還比較容易幸福」掛嘴上，周邊的人自然不會想當結婚傳教師了；三、具有專注投入的興趣等。像每周都跟朋友出遊或自己

逃げるは
恥だが役に立つ

去旅行，身心滿足，謳歌人生，不覺得有結婚的必要；四、不想跟別人一起生活。有的人連自己房間都不想讓別人進去，更無法想像為了結婚與別人共有房間的生活模樣；五、對擇偶條件的要求過高。常聽許多女人描述她們的理想男人，感覺根本不存在世間，但她們還是堅持「如果沒有就不結婚」。

女人不結婚的理由，前四項和男人差不多，不想結婚的 solo 女，大抵經濟上都相當充裕，今後依照自己意願選擇不婚的女人也會越來越多，即使有男友還是會想選擇單身生活。

不過，就算決定不結婚，若有良緣的話，她們未必要堅持既有原則，何況人們的想法越來越多元，選項不斷在增加，或許社會狀況改變，像是性解放之後的回歸家庭，不倫熱潮之後的純愛熱潮等；也或許結婚ＣＰ值變高了，結婚形式多樣化了，如分居婚、周末婚等，維持單人生活的婚姻蔚為流行。人生很長，不急著下結論也是極品一人的最高法則！

結婚沒更好，單身也很好

日本生涯未婚率（就是年屆五十歲未曾結婚的比率）年年高升，二〇一五年的普查結果，男人是百分之二十三．三七、女人是百分之十四．〇六。雖然現代人平均壽命已超過八十五歲，五十歲未婚就被判定終身打光棍有些過分，不過不結婚的人的確在增加中。像我這樣已婚的人可能逐漸變成少數，感覺有點寂寞，但現實中許多單身男女都過得不好，也有日本經濟評論家出面肯定，過了三、四十歲乃至五十歲還想選擇「一人」活下去是有原因的，也很合理。

像四十二歲的陽介，一度想結婚，最後還是放棄了，因為真要結婚就得面對兩人的社會關係，主要還是經濟問題，要負起一個家庭的責任或生養子女，實在難以承擔，一味執著於和別人一樣的人生既沒意義也沒能力，何不享受人生以及小確幸就好，等更有能力了再想。即使過了五十歲，也沒有時間表，當下偶爾一人旅，探訪歷史地點，也覺得非常充實，生活有高度滿足感。

類似陽介的男女很多，尤其男人，擔心結婚要分擔妻兒生活，自己可支配的收入及時間大為減少，紛紛臨陣脫逃的人不少。

這種狀況與年輕人之間嚴重的貧富差距有關，富有家庭的年輕人大抵很快就結婚了，甚至門當戶對結婚，財產還會增加。但不論貧富，結婚往往帶來束縛，付出自由的成本太高了，何況愛情的泡沫到底能維持多久，誰也不知道，投注人生一切，風險很大，像菜緒就說：「結婚，失去邂逅更多好情人、精彩人生的玩意兒！」一連結過婚的人都抱怨「婚姻是愛情的墳墓」，勸人結婚，實在欠缺說服力。

現代人不結婚的主要理由就是結婚的重要性比以前降低了。日本到一九九〇年代為止，未婚的人在職場評價上很吃虧，不被當作成熟的人對待，不被信任，被認為沒責任感，很難升為主管，尤其商社幾乎不派遣未婚者到海外去，以至於許多人為了爭取派駐國外機會而匆匆相親結婚。但現在這種現象逐漸消失，企業對單身的壓力不再，結婚不結婚已經沒差。

除此之外，結婚的許多好處，譬如身邊隨時有可以紓解性欲的配偶，或是有人可以做家事、養兒育女，讓人無後顧之憂等，但就現代日本人來說，普遍性欲低落，根據保險套廠家調查，日本人在做愛次數排行榜上始終敬陪末座，社會上對於未婚性行為也非常寬大，不結婚同樣有做愛機會，反而是許多人婚前有做愛，婚後無性化；至於家事，大部分都由萬能的家電代勞，省時省力，何況還有代做家事的業者；而養育兒女又比買房子還貴，男人至少年收要六百萬日幣以上，否則絕大多數都和陽介一樣覺得養不起，沒必要結婚了。

男人不願意讓女人分享他賺的錢，女人也不再想依賴男人，覺得自己賺錢自己花最快活；不養兒育女，家庭需要的勞動非常少，外加外食及家電發達時代，家裡維持得再乾淨、菜做得再好，價值都大不如前，成就感很低，女人已不想只扮演賢妻角色，還被男人認為「妳是我養的」。

女人工作及升遷機會比以前多，即使不結婚也能活下去；結婚價值在降低，女人工作價值卻不斷被肯定，因此更不會想選擇結婚了；結不結婚是個人選擇的問題，男女分居或同居都ＯＫ，國家少子化對策應該是改善環境及制度，讓沒結婚的人也能生養孩子，生養子女也無需辭去工作才好。

我是AK，你OK嗎？

日本描述單身貴族的深夜劇《東京單身男子》，反應不錯，引人矚目的，尤其是東京都會裡充滿嚮往自由自在不想結婚的所謂「AK男子」。而相對於AK男子也有「AK女子」，也是現代不婚社會的重要現象。AK男女究竟是什麼樣的人呢？

AK男子的AK是從日文「あえて（aete）結婚（keikonn）しない」來的，意指條件不錯，但選擇不婚的「寧可不結婚」。這個因不婚男人劇增而出現的新名詞，不同於單獨活動的「solo男」，比較限定在某些族群，很有意識、意志，故意不選擇結婚的男人，年齡在二十到五十幾歲，在傳統觀念裡，因為沒結婚，所以即使年過五十仍被稱為「男子」、「女子」，彷彿還沒真的成熟。

ＡＫ男子的特徵，主要是收入相當不錯，而且已經離巢獨居，能自理生活，家事、料理等一向被視為女人擅長的本領，甚至比女人更在行，對生活充滿自信，不結婚也活得很不錯；他們珍惜自己的自由，擔心被結婚育兒等家務剝奪，只想依照自己的步調生活，不想被干涉，也不想依賴別人。ＡＫ女子大致也一樣。

ＡＫ男女並非一開始就不想結婚，大都原以為自己總有一天會結婚，但也沒有多想就快活地過下去，所有時間、空間都屬於自己，一切精力和預算都用來投入工作與興趣，因此對一個人的舒適生活已經很有要訣，一旦有了家庭就有責任，所有獨佔的全都必須割捨、被迫分享，ＡＫ男女想到這裡，自然覺得自己的人生不會有、不需要有「結婚」的選擇了。

此外，劇中的ＡＫ男子因為還沒結婚，所以可以跟不同女人、不同類型惡女人，邂逅、談情說愛或上床，換作已婚還跟別的女人玩，就是不貞的背叛行為。當然，ＡＫ女子也一樣，想和男人一樣傾全力工作，同樣擁有足以謳歌獨居生活的能力，或埋頭自己有興趣的事物，不想受束縛，也不想扮演賢妻良母就這樣過了一生，或者不想再拘泥結婚這樣的形式，認為女人的幸福並非只來自婚姻；也或許如同ＡＫ男子，對於對象有高標準的理想；或想交往不同類型的男人，不想成為特定男人的所有物。

不過，追求自由自在的ＡＫ男女，當然也會害怕生病或遭遇委屈時，一個人是否越感到孤獨，甚或如遭遇孤獨死的狀況。不過，最近的ＡＫ男女都知道可以依賴各種公私立的互助網絡救濟，何況即使結婚，到頭來也還是一個人，孤獨與寂寞也不是單身獨居者特有的，和伴侶同一個屋簷下，有人反而更孤獨寂寞。

ＡＫ男女所以寧可不結婚，主要還認為結婚的勝率實在太低了，無法在這件事賭上自己的人生。目前日本的離婚率是百分之三十五，也就是每三對夫妻中就有一對離婚，沒離婚而扮演著假面夫妻或分居、家庭內分居等面臨婚姻危機的夫妻也非常多，失敗比率大抵超過百分之五十，身邊也不時聽到已婚者的抱怨與後悔告白，既然如此，何必非婚不可呢？

現今社會，AK男女人數日益增多，不婚逐漸普遍化，再也不必忍受別人好奇的眼光，只有偶爾碰到傳統的前輩或老人家，被當「半人前」還不成熟的「一人前」看，不過習慣就好，畢竟這類老觀念的人逐漸少了。

AK男女獨立自主，因此體貼卻不會對人過度干涉，打扮也比較整齊，魅力十足，為了不讓交往對象苦苦期待，或許最好還是事先聲明：「我是AK，OK嗎？」

一個人，也能改變世界

許多至今單身未婚的朋友，其實條件很不錯，卻一心追求理想，或是埋首於一點一滴改變世界、完成一個別人無法企及的作品或境界等。歷史也留下許多證明，像是發現萬有引力的牛頓不僅終身未婚，還把結婚當犯罪。雖然無需這麼想，但是終生單身的人，的確有不少過人的表現，或許一個人較容易專注投入，成就事業或理想的效率自然高出許多。

日本也有許多著名的男女作家都是生涯單身，除了著名的宮澤賢治之外，像我喜愛的女作家高村薫，或是台灣也很熟悉的宮部美幸等，還有藝術創作者以及成功的經營者。去年（二〇一八年）過世的女演員樹木希林雖然結了婚，但除了最初一年多的同棲生活外，有四十七年分居，期間雖然還要幫老出狀況的丈夫「擦屁股」，事實上都近乎終身單身，因此藝術成就才會如此高。

又如爵士喇叭演奏家、也是享有名氣的音樂製作人黑田卓也，為了追夢，始終單身一人，除了五年前成為藍調唱片公司簽約的喇叭手之外，還從事音樂製作。紐約求學時代，許多原本一起喝酒胡鬧、談論夢想的朋友，相繼為了家人等現實返回日本，只有他繼續留下來，或許也是因為一個人才做得到。即將四十歲的他不否認多少有些孤獨，但也同時獲得許多幸運。

還有一位男性，大學時代就成立學生團體，到孟加拉等地幫助街頭流浪的孩子，面對貧窮問題中最慘不忍睹的現場，大學畢業更放棄到企業就業的機會，創立協助解決非洲貧困的NPO，並到日本各地演講，每天忙得不可開交，正當一切順利進行時，他突然在一次會議上陷入恐慌，顯示一直以來的壓力已超過負荷，經過診斷為適應障礙的躁鬱症，他決心離開一手培養壯大的NPO，自己一個人從事國際救援活動，一邊寫作，把許多當地的真相及需要寫出來，又如協助烏干達的人拍攝現狀放上YouTube播放。他認為「就算一

宮澤賢治

高村薰

宮部美幸

樹木希林

個人也能改變世界」，一個人活動反而更能貫徹自己的理想。

不依賴組織的個人自由工作型態，在日本逐漸獲得承認。自由工作者年收入泰半在兩百至六百萬日幣之間。若按每個月工作一百四十小時計算，自由工作者有四、五成是六百萬日幣以上，普通上班族則僅二、三成而已；每月不到一百四十小時的話，自由工作者的收入則較少，三至五成不到兩百萬日幣，上班族則僅一成多。

一個人工作也不錯，另一方面，自由工作者看似有許多屬於自己的時間，雖然沒有基本的社會保險或企業提供的福利，但由於工作成就完全屬於自己，自然會無限投入，也因此自由工作者錯過婚期或乾脆走獨身主義的，較之一般上班族高出許多，但是幾乎沒有人後悔，都說：「如果當初結婚，或許就沒有現在的自己！」

一個人一點都不無聊

我自己習慣兩人生活，雖然伴侶不在，有時會覺得好不容易獲得一個人的自由，應該好好喘口氣，趁機做些對方不喜歡的事，吃對方一定不想吃的食物；但有些事就是想等對方一起做，因此也會覺得有點無聊。我問獨居的月子，一個人會不會有無聊的時候，她說：「怎麼會！沒辦法也沒時間無聊，因為我不需要等待，隨時可以自由決定要不要去找哪位朋友或去做任何事！」

想起來也是，我雖然可以為工作出門開會、採訪，卻逐漸喪失了自我運用其他時間的能力，只要一個人有點空檔就感覺無聊，儘管也有很多書和電影要看，不過好像是處於等候伴侶的過渡時間，很不實在，自以為單身是過渡時間，也其實正好相反。

單身如月子、繭子或悠太朗每一分每一秒都過得踏實。繭子說：「偶爾突然有個空檔，或一時找不到朋友，也有許多選項，甚至還有許多一人專用手冊，告訴單身者可以做這做那，追求自我流的極高境界，不是每種事都只有兩人或多人的玩法，而是一個人也可以來！就像露營，許多男生喜歡一個人露營！因為露營講究多，別人的作法自己未必看得慣；自己露營，做自己想吃的，選擇自己喜歡的地點，獨佔一個星空，想睡就睡，也不會連休假都遷就別人！」

月子也說：「就像妳是鍋奉行，吃火鍋有很多執著，跟妳吃很麻煩呢！或者妳和我們吃也不順眼！我也是吃一人鍋最舒服！還可以搭些平價紅酒！沒有比這更寫意了！一人燒肉也是呀！烤生烤熟，不必遭吆喝；跟別人吃飯，偶爾為之就好了！」

說的也是，我也想吃一人鍋、一人燒肉，還想自己去卡拉ＯＫ練歌。「一人卡拉ＯＫ」之所以流行，就在於不必在意別人，沉浸在自己的世界裡熱唱想唱的老歌，或嘗試最近聽到的新歌、一些不適合在眾人面前唱的失戀歌等。

走調了也沒人嘲笑，更不需要有人勉強打拍子，唱歌，有時不需要聽眾的！其他也有許多個人VR體驗設施或棒球練習、室內高球場、自由足球園（當場一起玩，不必加入隊伍）等。

悠太朗說：「像我想做電車模型，需要集中心力，諸如此類不是一個人反而不能做的事非常多，怎可能無聊呢！別以為單身就有許多獨處時間，這是錯覺，工作忙得要死，累得要死，好不容易獨處多麼珍貴！怎會想跟別人過！被稱solo男是我的榮耀！」solo男沒有結婚願望，但喜歡女人，過去是未婚女的公敵，覺得他們玩弄女人，不過現在solo女也多起來了，反而覺得solo男恰恰好，大家都是珍惜一點也不無聊的獨處時間！

有貓咪家人，快樂萬倍

單身的悠太朗最近要去國外出差，最掛心的是家裡的兩隻貓咪。通常他都拜託房東太太幫忙照顧，萬一她也出遠門，他就得協調更換出差時間，還要討好房東太太，比對上司還巴結；不僅如此，他會請假都是因為貓咪打針等，很多人笑他是貓奴才，但悠太朗一點也不生氣，覺得能為貓咪做些什麼，是很值得的，悠太朗總說：「貓咪是我最好的家人，帶給我很多，比和人類同居，快樂數萬倍！」不僅悠太朗，我的台灣朋友淳養了五隻貓咪及狗狗，她也認為這樣是「快樂五十萬倍」！

悠太朗是貓派男人，原本是狗派，但租用的公寓無法養狗，就改宗為貓派，從三十歲到現在，收容的流浪貓依照邂逅的時節分別取名「小雪」「小夏」，

而且很快的兩隻小貓咪也都變成高齡貓了，偶爾會有狀況，讓他有點擔心。他覺得自己是在提前體驗照護生活，雖然老家的父母還沒需要照護；其次也算是一種回報，和貓咪的關係越密切，自己越是依賴貓咪。

悠太朗很會照顧他的貓咪，洗澡、梳毛、飲食，牠們居然連各種水果都吃。悠太朗說貓咪是自己的妹妹，是家人，或許更像是「家人以上，情人未滿」的關係，他自認比任何人都熟悉貓咪的各種表情，牠們也不時會擺出各種姿勢向他撒嬌、拋媚眼。最重要的是，遇有什麼問題，都可以對著貓咪傾訴，不會老是自言自語，而貓咪也總是耐心地聽，對於悠太朗一天的遭遇，不論好壞，流露出同情或一起開心，牠們是真的懂的。貓咪是悠太朗最重要的身心安定劑，下班回到家裡，總會馬上出迎，讓他從來不覺得自己是單身獨居者，而是一個超完整的家，一個溫暖的世界，不覺缺少什麼。

我沒有養寵物，但喜歡聽單身朋友細說貓經，而像狗派女人的繭子，她的狗經更細膩，人生完全跟狗合體，永遠說不完，只好來日分解啦！

當狗奴才也開心

狗派的月子在二〇一八年即將結束時，直嘆：「狗年快過完了！好快呦！」月子很愛狗，而且喜歡大狗，但她太忙了，擔心無法照顧，加上日本現在能養大狗的公寓很少，因此暫時放棄，在家裡抱史努比娃娃充數，幸好鄉下老家養的狗還在，回去跟狗玩，也成了月子返鄉的動力之一。月子之外，其他單身朋友也是「一個人也想養狗」的本格狗奴才居多，願意為狗獻出一切。

像典子就真的自己養了狗，為了愛犬，她百般討好爸媽，因為常出差，又不想寄放到寵物旅館，只能帶回老家。不過，爸媽對狗太不了解了，因此她還讓爸媽去聽認識狗的講座，然後才安心把狗交給他們。

養狗的確不簡單，除了需要遛狗的時間外，還要做點基本訓練、維持清潔，此外，狗食量大，要施打的疫苗也比較多，養狗費用比較昂貴。在日本，養狗的確不大容易，因此二〇一八年雖是狗年，但據日本寵物食品協會指出，日本人飼養的狗、貓數量卻逆轉，貓領先了狗，飼養的貓達九百五十三萬隻，較前年增加百分之二．三，狗則減少百分之四．七，只有八百九十二萬隻，這是此項調查自一九九四年以來，首次出現的現象。日本養貓、愛貓的人越來越多，愛貓人遇到狗年，總抱怨：「為什麼沒有貓年？太不公平了！」

狗過去在日本是絕對的寵物之王，現在數量則較巔峰期的二〇一一年減少了百分之二十五，主要是日本養狗很不簡單，養貓無需房東同意，養狗則需要，而且很容易與鄰居發生糾紛，還有養的隻數少，不同於貓可以養很多隻。

一個人要養狗，各方都會建議養小型狗，才不會需要很大的空間，而且也不大會脫毛、不大會亂吠、性格也較乖巧、訓練上也較不棘手。不過，很多朋友並不會以條件挑狗，比起去寵物店挑選，他們覺得養流浪狗更有緣分。

單身養狗，以往常會招來不必要的偏見，像是女人養的話，總會被問說：「妳怎麼不養貓？」好像女人只適合養貓；男人養狗，還會有人覺得：「顯然太寂寞了！」「看起來很愛動物，其實是沒打算結婚吧？」「養狗多麻煩！不能隨便去旅行！」等等，讓單身愛狗人無語，都想說：「狗很可愛啊！愛狗還需要理由嗎？」

比較無法理解的是，曾經有人認為單身不適合養狗，幸好最近幾年看法大改，甚至許多男女因為養狗找到伴侶。遛狗時互相自然聊起狗經來，說也說不完，因為狗，就很容易搭訕，也很有理由回應。狗是最厲害的媒婆，據調查顯示，養狗的單身男女每八人就有一人因為遛狗而結識異性朋友。

一般人覺得喜歡動物的人很不錯，養狗的人更是性格可嘉，否則照顧狗可不簡單。養狗的單身者不再被說是「養狗會晚結婚」，而是養狗、遛狗是人生桃花期的開始吧！一個人獨居也想養狗，不再需要太多決心了！

一個人沒什麼可怕

爸媽別操心，我很好

開始寫這個專欄時，認識或不認識的朋友都說，有這樣屬於一人家庭族的園地，讓他們非常舒坦，好像自己的存在獲得肯定，他們最想介紹父母看，因為在東方社會，任何男女適婚年齡未結婚，周遭還是充滿異樣的眼光，不把他們當成人看，父母也難免擔心。依子就說了：「我都已經四十歲了，一個人過得很自在，但是老爸依然囉嗦不停，要我早點結婚，當我還二十幾歲，完全忘記他已經這樣說了十幾年，讓我十幾年難過！」

根據日本「國立社會保障．人口問題研究所」推算，日本在不久的將來，亦即二〇三五年，包括與伴侶離異或死別在內，單身人數很快就要超過一半，成為「超 solo 社會」。更令人吃驚的是，經營相關葬儀綜合資訊網站的「鎌倉新書社」，針對四十歲以上單身者進行的調查，發現有超過半數人表達「來生也想要單身」，也顯示此生單身到底，非但無悔無恨，甚至很滿意，認為這是現代人最適合的生存方式。

日本也有許多父母不論子女幾歲都還是加以施壓，希望他們結婚，以至於地方政府或婚友社也舉辦所謂的「代理相親」，讓父母帶著子女照片參加相親大會。依子的爸爸就是如此。依子並不理會爸爸相中的人，只覺得媽媽過世後落單的爸爸能夠出門參加活動，不是壞事，或許還可以為自己相到一位女友也說不定，因此才沒有阻止他。

單身，對尋找伴侶有興趣但不想結婚的「solo男」、「solo女」越來越多了，日本早已承認不再是「皆婚社會」，現實上周邊單身的人不斷增加，都會地區更是過半，月子就常常笑我：「妳這種結婚又生子的人，快要成為少數派了！」

但許多父母、長輩都還是認為，沒有結婚的人生不完整、有缺憾，總是很擔心，甚或懷疑子女是不是同性戀等，老在催促，反而平添單身孩子的困擾。

孩子本身過得很好，結婚未必會更好。

我自己也有所謂「適婚年齡」的兒子，從小親自哺乳、養育，我總是說：「我可是為了你未來的女人抱你、養你！」希望他們能找到好伴侶過著無悔的幸福人生，但即使結婚的可能似乎不高，我也從沒開口過問一句。我認為「適婚年齡」沒有太大意義，人最好還是在找到想結婚的對象時結婚，或是想要結婚時結婚，當事人才會幸福吧！硬要子女結婚，或許也很快就離婚，彼此造成無法預期的傷害。結婚也有結婚的風險，就算同志也是一樣。只要他們找到可以溝通與互相慰藉的好伴侶就行！

許多單身者希望父母不要操心，想大聲跟他們說：「我好得很，過著最想要的人生！」或許有人擔心如此肯定獨居，少子化豈不越來越嚴重，但生育兒女未必需要與婚姻綁在一起，否則問題只會越來越棘手！

S
L
O
O

獨居單身貴族最孝順

有人會覺得單身貴族沒結婚、沒讓父母抱孫子就是不孝。事實上，現今社會已經完全邁進晚婚、不婚，結不結婚已經是時代問題而非個人問題；論孝順，也不是因為單身或結婚，單身男女、獨居生活的人也許還更孝順，反而是寄居老家的單身男女，因依賴父母不小心成了啃老族，造成所謂「親子共倒」現象。

現今日本男人有百分之二十三．四、女人有百分之十四．一，一直到五十歲都還未曾結過婚，而這還是四年前的調查結果，新數字恐怕更驚人。許多人只要自己有足夠的收入，沒有好緣分就積極獨居生活，不想受婚姻拘束，難道這就不孝順嗎？

雖然為人父母難免期待自己的孩子能結婚、能有依靠，若能有機會抱孫子也不錯，但最重要的還是子女得到幸福，如果子女負擔不起或是沒有好機緣，勉強結婚也是有風險的。獨居男女一切自力更生且非常快樂，父母儘管安心就好。老實說，整個時代惡劣，留給下一代子孫的環境並不好，我都不敢要求子女生孩子，只希望他們幸福就好。

單身又獨居，並非拋棄父母，這樣的子女不過度依賴，不需擔心，甚至讓父母自己居住，也讓他們維持老後所需要的自理能力，如此一來，不僅子女成功完成「親離（離巢）」，父母也做好了「子離（放手）」，其實很有正面意義。

雖然當今時代年輕人普遍貧困，單身或結婚未必會離開原生家庭，但親子之間過度互相依賴，畢竟有時會有不良影響，除了經濟負擔之外，長久下來也很難有開朗健全的關係，最後演變成彼此干涉甚至嚴重衝突，釀出許多悲劇。

當然，子女獨居，父母難免覺得寂寞，但如果因此束縛子女，那就是父母過度自我中心，不是真正為孩子著想，進而會拖垮孩子。

獨立自理的父母，維持一定的魅力，孩子自然會想貼近，而能貼近或隨時對父母噓寒問暖的也總是獨居男女，因為已婚子女往往自顧不暇。獨居子女還更能維持良好的親子關係，像朋友恭子還每周返鄉探望父母，也常帶父母旅行，親子三人一起去泡湯等，宛如回到孩提時代，恭子自己也很開心。反觀恭子的哥哥已結婚成家，育有兩個孩子，一年到頭只有過年才回鄉下一次，有時因為孩子補習，也只有哥哥單獨回去，與父母的親密度遠遠不如恭子。父母的三十周年珍珠婚、四十周年紅寶石婚也都是恭子一手籌辦，哥哥甚至因為自己家庭有事無法參加，類似狀況比比皆是。

也許有些獨居男女收入較少，未必能像恭子頻繁於返鄉探望，但還是會很認真地跟父母打電話，加上這個時代免費的視訊通話軟體很多，即使沒有同住一起，也能讓父母隨時看到自己，隨時報告自己的狀況，傳送自己的生活照片或工作成果等。數位時代也讓孝順變得更容易。

此外，像月子還會約老母一起去做彩繪美甲，和父母穿同款衣服拍照、幫

父母搭配服飾，每年同樣姿勢拍照、送他們花或喜愛的東西、偶爾也做菜給父母吃等等。日本現在還有專門幫老人出版自傳的出版社，月子也打算讓父親或母親有機會（數十萬日幣起）出版自己的「LIFEBOOK」。

獨居男女也比較有現實感，不會亂花錢，最後可能還有經濟能力照顧父母生活，也因此獨居男女最孝順。

單身並不欠缺同理心

朋友除了對我的專欄表示同感，還把文章傳給自己的父母閱讀，希望他們放心，不要逼婚。但也有朋友來說：「單身的很不成熟，孩子氣，欠缺同理心！」我回應他們：「這是一種偏見，許多有家庭的人只顧家族，才是自私自利的傢伙，毫無同理心可言！」

我的朋友有的已婚，有的單身，也有的單身已婚不明，對方不說，我不會過問，因為我覺得一個人的成熟與否無關已婚未婚。世間有太多偉人始終單身，單身者往往更有犧牲奉獻精神，是真正成熟的人。

幾位單身朋友表示，雖然已婚或育有子女的人很辛苦，自己不如他們之處很多，但實在看不慣有些已婚同事遇到公司稍微有點小贈品就全部掃回家，卻把工作丟給單身同事收拾；或者因為生活太勞累，沒力氣外出、沒時間吸收新知，世界越來越狹隘，毫不尊重世間多元的價值觀，硬把自己的加諸別人身上，老說單身不成熟。繭子常說：「怎麼看，也是那些已婚同事比較不成熟，總認為自己才是對的，毫無協調性，還倒過來責怪我們沒協調性！簡直反了，反了！」

現代人沒結婚或不再婚的原因很多，只是不想為結婚而結婚，或許緣分來了就結婚。有人因為經濟條件無法結婚，也有人因為看不見的心理因素不想結婚，無關同理心。年輕人做點孩子氣的傻事，稍微任性地為自己活，不留缺憾、不後悔，自然就會有餘裕想幫助別人、思考別人的立場，擁有同理心。

反而許多已婚者因為從未玩樂享受過就組家庭，便覺得自己老在犧牲，不僅不會考慮別人立場，甚至心理不平衡，老是抱怨，而且非常幼稚，還把氣發洩在單身者身上，尤其年過三十單身或還住在娘家的人，很容易遭他們非難，被說：「你／妳打算享受公主、少爺氣氛到何時？」

已婚者常比單身者容易不滿現狀，悠太朗就常說：「不時催我結婚的上司，自己卻一天到晚埋怨妻子，一副很不幸的樣子，還表示自己結錯婚，讓我更不想結婚了！雖然有適合的人我還是想結婚，但周遭已婚者往往沒讓我覺得結婚有多好！」

還有，已婚者會認為單身者老在享受工作、興趣或戀愛，是不對的，像月子的已婚朋友就抱怨她：「妳沒結婚、沒生孩子，我們的經驗值差距越來越遠了！」言下之意就是指月子是典型的敗犬——「年過三十且未婚、無子」，好像自己高高在上，讓月子想反駁都嫌浪費時間。

單身者也知道家庭的許多歡樂是他們無法獲得的，也非常尊重，因此常協助已婚同事少加點班可以早點回家，只是這些人不僅不領情，還說：「反正你回家也一個人，不如在公司吹冷氣舒服些！」令人無言，完全不尊重單身者也有自己的生活！不過已婚者也不能跋扈，得了便宜還賣乖。因為單身者感到不公平，日本有些企業紛紛取消對已婚者休假等優待，以免造成職場不平等。

當然也有已婚者慶幸自己到了三十幾歲才結婚，那之前拚命為自己而活，不斷追逐夢想，每一天都很珍惜地過，方才建構了往後人生的基盤。單身而認真活是很重要的，並非早早結婚、生子的人才是真正的成人，這種已婚者才有同理心，不會輕易就說單身的人欠缺同理心！

一人獨居未必會亂花錢

一般人以為獨居或單身的人會比較浪費，因為一個人怎麼花錢，都沒人管，愛花多少就花多少。真是如此嗎？已婚家庭就懂得節約嗎？事實上並不盡然，日本許多調查顯示，一人過活的人更有經濟觀念，懂得衡量自己的收入以支出，反倒是收入還不錯的家庭欠缺警覺，往往投資過多昂貴卻未見獲益的小孩教育，甚至家庭內只要有一人愛亂花錢，就無法回頭。

雖然也有人自己過活，因為不受限制，買東西很痛快，單單兩天份的菜，只挑看起來美味的食材，一下就花掉一萬日幣，比外面吃還貴；也有自己一個人常去外國旅行，每次玩到超出預算，以至於讓人覺得獨居或單身都是任性或浪費成性。但即使已婚家庭也常常買菜買到超支，國外旅遊原本每三人就會有一人超出預算，完全無關已婚、未婚。

或許一個人有時因為沒人商量，獨居的確會比較放鬆，購物較為隨性，就連高收入的漫畫家弘兼憲史也都經過一些調整過程，讓自己培養妥當的經濟觀。多年前弘兼憲史開始獨居生活，初時也很隨性的購物等等，後來覺得這樣下去不是辦法，便玩起「一人一月食費一萬日幣」的遊戲，以調整獨身經濟感，沒想到發現找便宜又鮮度不錯的食材本身就很有意思，因此還會特意到遠處買不同的食材；雖然不設罰則，他接著又玩了「一人一月水電瓦斯費一萬日幣」，這樣下來，就不會隨便亂花錢了。

無關已婚未婚，浪費成性的人就是會花錢。真奈美和丈夫兩人都上班，有一個孩子，但家裡老是缺錢，主要原因是丈夫堅持自己要用好東西。丈夫的公司是福利超好的企業，各種津貼以及年節紅包等，現金收入不斷，卻都被丈夫當作可以隨便花用的外快，高級服飾、生活雜貨……即使和真奈美一起生活多年，揮霍的程度也都沒有改變。原本真奈美還能忍受，但孩子出生、長大，需

10000
10000
壱万円

要各種教育等支出，偏偏丈夫還是照常只把錢花在自己身上，演變成一個屋簷下兩種生活水準。丈夫不僅穿戴昂貴的名牌，連生活用品也毫不馬虎，真奈美和孩子用一條五百日幣以下的毛巾，甚至浴巾也都是，但丈夫連毛巾都要用一千五百日幣以上的，浴巾更是四千日幣以上，讓她非常氣憤，無法理解丈夫為何買得下去，難道不在乎她跟孩子嗎？但丈夫說自己又不是去花天酒地，又不是花在別的女人身上，沒什麼不對。真奈美覺得自己和丈夫的經濟觀差太遠，無法一起規畫未來藍圖，甚至想離婚，因為對丈夫的浪費癖完全束手無策。

現今日本不論已婚未婚，尤其五十歲以下的人，未經歷過泡沫經濟大揮霍時代，花錢都很慎重，不虛榮追求名牌，尤其三、四十歲的人九成以上都是「不會勉強，在自己能力範圍內選購好東西」的消費型態，也就是量入為出，非常踏實，下班後會去的地方依序是便利商店、書店，其次才是居酒屋。

再則，每個月自由使用的錢，單身比已婚沒孩子的人果然比較多些，像是

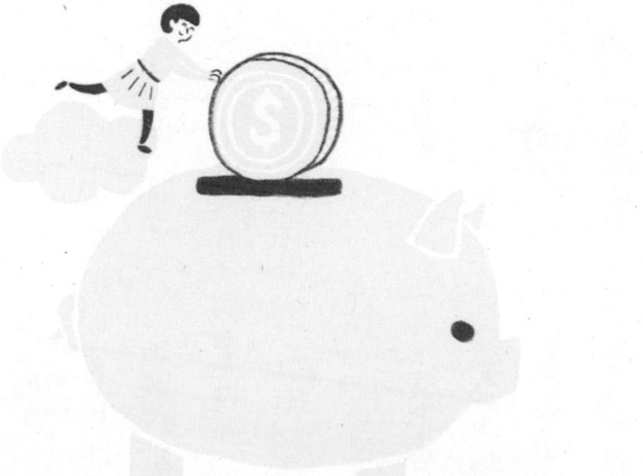

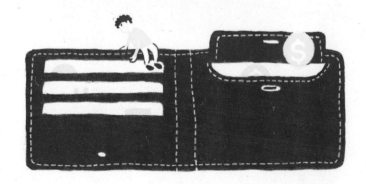

三十至四十九歲的人，未婚者每個月是三萬八千六百七十四日幣，沒孩子的已婚者是兩萬八千五百六十五日幣，有孩子的已婚者是兩萬兩千零九十六日幣。未婚比已婚的確多了一萬多日幣。

許多未婚或獨居者表示，就是因為結了婚生活水準和品質都會降低，零用錢或擁有的時間都會減少，才更不想結婚，而一個人在外面活動時間多，交際也比較多，零花稍微多一點很自然，這是一人生活的特點、優點，無需自責。

比起有雙收入的家庭，極品一人往往對於老後更有警覺，因此很努力存款，無法仗勢有伴侶依靠隨便花錢，反而是已婚家庭會忘記兩人老後其實比一人老後更嚴酷，忽略了為老後的準備。所以，一個人獨居通常比較不會亂花錢，極品一人為了健康或節約，減少外食，還自己做便當，單身男人也不例外，超市裡許多以前所謂的「愛妻便當盒」，現在則是單身男人買來自己做便當用。

當然，也有些單身貴族的確生活得相當任性，尤其還寄居在娘家的，因為不必支付房租或水電費，甚至伙食費都無需分擔，因為父母健在，對於自己老後也沒概念，這樣的人確實容易亂花錢。像千春就是如此，從來沒離家獨居，雖然不比人賺得多，但為了幾個女人的聚餐火鍋派對，她一出手就只買高級牛肉，不僅量不足又超出預算，出門去玩也都選花錢的方式，使得大家不敢輕易再找她。欠缺經濟觀的單身，在日本婚姻市場上會讓人敬而遠之，就算私下當朋友，也不受歡迎呢！

別再對我喊：「結婚！」

極品一人不太愛打電話給父母或阿公阿嬤，逢年過節，也不大想回原生家庭，主要是因為他們總會施壓，老喊著：「結婚！你怎麼還不結婚？」「你什麼時候才要結婚？」甚至像亞紀子原本只是趁周末想回去拿些雜物及小菜，不料就被媽媽攔住不斷逼問，還硬要安排相親，讓她最後什麼也沒拿，落荒而逃。

日本人越來越晚婚化，二〇一〇年男人初婚年紀為三十．五歲、女人二十八．八歲，且逐年提高，每年晚〇．一至〇．三歲，預計到了二〇二〇年，男人初婚年齡將是三十二．三歲、女人則是三十．七歲。亞紀子說：「媽媽還不知道現代人幾乎沒有在三十歲之前結婚的！」

和亞紀子一樣覺得結婚還早的人很多，繭子說：「就算單身，也不是每個人都需要去搞婚活的！認真想結婚的人結了就好！」但周遭的好事者可不這麼想，不論幾歲都不放過。也因此幾乎每個人都有一套因應催婚之道，像是謊稱有男友，說：「我會早點讓他求婚的！」先說自己有男朋友、女朋友，父母就比較安心，不過也有父母仍不死心，依然窮追猛打，追問對方職業、年齡、出身等，非常煩。里菜會跟家裡說：「他在大企業上班，比我大三歲，不是長子！」果然不囉嗦了，但因為不想真的說謊，便漸漸變得不大想回家，也不大想和父母說太多話，尤其不想返鄉參加各種婚喪喜慶、聽到親戚也在說結婚的事。

為了反催婚，逼著子女什麼話都說得出來，日本甚至還有教戰大全，像是跟父母說：「我正在名單　中挑選！」或是「等我存到一千萬日幣，就會結婚！」給父母希望以塞住他嘴，或是反過來說：「急著結婚，準會不到一年就離婚！」並列舉失敗的例子，特別是父母也認識的人。雖然最近日本也有父母會說：「離婚也好，你先給我結婚再說！」但子女也不是省油的燈：「妳跟老爸結婚，難道幸福嗎？我可不想跟妳一樣！」

也有人會很老實的跟父母說：「我想多累積點工作履歷再說！」「我現在工作很有意思！工作就是我的情人！」「我快要升課長了，等一下再說！」雖然父母可能說：「那有什麼用，人家〇〇孩子都三歲了！」

直接攤牌的會說：「不然，你們介紹像樣的人給我呀！我賺沒兩塊錢，又不是天仙，找對象哪那麼容易呀！」「又不是我不想結婚，是沒辦法結婚呀！」「我如果結婚，百分之九十九都是為了讓爸媽抱孫子！」幾杯黃湯下肚，有人說出實話，非常不甘願。如果子女真是這樣勉強結婚，也未必會幸福，因此也有許多日本父母說：「你沒結婚沒關係，生了孩子，我幫你帶！」或許這會是當今社會不婚少子化的新對策，將結婚和生子分開來，想結婚的人就開心地結婚，想生孩子的人就負責地生孩子，也讓不想結婚而想生子的極品一人多了選擇！

乾脆舉行一人婚禮

想結婚的人，除了嚮往共組幸福家庭以外，穿禮服拍照、舉行婚禮，好像也是結婚的目的，尤其穿上禮服的女人被說是「人生最美麗的時刻」。但許多人對於婚紗之後的婚姻生活並沒有把握，難以想像，或是當下還找不到伴侶，這時候日本業者推出的「一人婚禮（solo wedding）」，就可以讓人單獨舉行婚禮，拍攝美美的婚紗照。

舉行一人婚禮、拍一人結婚照的原因，尤其對女人來說，未必是放棄結婚的可能性，而是在社會晚婚化的狀況下，想留下自己最美麗的模樣。選擇一人婚禮的女人越來越多，其中四十歲前後的女人，擔心再不穿的話，身材都要變形了，或者這輩子還真沒機會穿呢！

許多日本女人很想舉行婚禮時穿上傳統的「白無垢」禮服，也因為只有舉行婚禮才能穿，因此舉行婚禮就好，也不一定要結婚。現在甚至還有專辦一人婚禮的業者，從化妝到挑選禮服、拍攝地點或攝影棚，一切由專業團隊陪伴，甚至代為安排「出租新郎」、「出租新娘」一起舉行婚禮，依年齡選擇對象，讓人沒有伴侶也可以打扮最美麗的模樣，享受幸福滿點的體驗。這種一人婚禮，有簡便的拍攝婚紗照，從梳妝開始只要幾小時就完成了的，也有隆重如投宿甜心套房、包租教堂或神社等行程，價錢從三萬日幣到四十萬日幣都有。男性舉行一人婚禮，由於讓化妝師化妝的經驗少，也沒機會試穿各種禮服，尤其白色西裝，往往比女人更興奮。

近來一人卡拉ＯＫ、一人燒肉等「1人樣活動」日新月異，連已婚者也會去享受，大概只有一人婚禮是極品一人的專利。不過，除了單身未婚的人會舉行一人婚禮、拍一人婚紗，已離婚或與配偶死別，當初結婚沒舉行婚禮、沒穿婚紗，也會來拍婚紗照，以便給孩子、朋友看，畢竟這是眾多女人的憧憬。

FOR RENT
出租

月子就去拍了超美麗的一人婚紗照，瞧她臉上洋溢的幸福，乍看以為她真的結婚，差點被騙了。她說：「我還沒遇到讓我認命的男人，也不需要丈夫，只想穿上世界最可愛的禮服！之後也可以稍微安心地胖一點啦！」

月子還表示：「就當作高級cosplay，非常好玩，也是一生的紀念！或許將來遇到好男人，也可以拿來暗示自己對婚禮的憧憬，是逼婚的好道具呀！」

當然也有極品一人認為，就算一輩子單身也不需要「一人婚禮」，一人卡拉OK、一人旅都不錯，但一人婚禮的心理門檻太高了，不是反而凸顯一人侷限嗎？排拒一人婚禮的大有人在，左右猶豫的人也不少，曾極力反對的朋友幾年後居然寄來她的一人婚紗照，只是穿的是粉色禮服，「純白禮服想留到真正的婚禮！」

婚紗照未必花樣年華才能拍，但當下不會結婚，眼看必然晚婚，而且現實上幾乎所有人都過了三十歲才結婚，或許此時留下最美麗的婚紗照也是極品一人的特權吧！

沒想結婚，也沒想談戀愛

我個人的主張，是不結婚無妨甚至還不錯，但是要談戀愛的好！愛情滋味美妙，雖然酸甜苦辣都有，卻是人生重要的香料。但最近日本有些四十歲左右的單身男女則公開表示，「我沒有想要談戀愛，也不想結婚！老後也想獨自隨意過」、「我不大懂交往的意義，非戀愛不可嗎」、「不戀愛，一點也不可惜、枉費」。

日本街頭訪問往往還有半數人想戀愛，但據官方調查卻有四成單身男女連戀愛都不想了，尤其三、四十歲、自認非常自在的極品一人，儘管周圍朋友大都已經結婚，甚至生孩子了，沒結婚的雖然對結婚不積極，但還是想婚居多，而且有點焦慮，擔心面對生育大限或在婚姻市場的期限。

不過，極品一人雖然沒有結婚願望，但感情方面從不斷糧，有的每每同行的面孔都不同，讓人懷疑是否雇來的；有的則看似沒有固定交往對象，卻自豪沒有空窗期。也有些人覺得自己不需要伴侶，活了三、四十歲沒想過要和誰交往，即使覺得對方不錯，認為偶爾有緣見個面也行，若要互相進入對方世界，得花很大力氣，甚至可能破壞了現在的關係，還是維持現狀最好，變成「朋友以上」不是進化，往往是退化。

這並不表示他們對異性或同性沒興趣，只是不想為了伴侶花費太多時間。看到約會場面的那些人，相互沒什麼話題，即使在一起也是各滑各的手機，簡直在浪費時間，還不如回家歪著躺著看自己喜愛的電影或讀書。現在只要三千日幣左右每個月就可看電影看到飽，等著看的片子不勝枚舉呢！充實的人生遠比假日和伴侶逛街強多了，如果購物成了兩人唯一共同興趣，也未免太悲哀了。

或許有伴侶的好處不是這些人所能想像的，但他們就是厭煩成為伴侶的過程，認為人生還有更好的安排，似乎不全然沒道理。他們沒有想為配合對方騰出時間與心情，乃至力氣與金錢預算，認為太麻煩了，這些個人好不容易累積起來的四大資源只想用在自己身上，不想特別與人分享。

也許有人感覺這樣的單身男女未免太小氣、自私了，但他們卻認為自己這樣才不會依賴別人，為別人付出總會期待回報，就會發生很多問題，並非真正獨立，一旦有伴侶，就還會想要佔有對方，或被對方佔有，都不是很清爽。所以，不依賴，怎會是自私呢！他們不會想維持長期的固定關係，也不會描繪未來兩人結合、走進禮堂的情景，反倒是期待自己的工作獲得肯定，或有意外的機會讓自己被派駐外國或進修一段時間。

另有說法是，這個時代連自己的未來都無法想像，又如何和他人山盟海誓廝守一輩子呀！自己既無法負責別人，也不想讓別人負責自己，就像不會讓好友或父母兄弟承擔自己一樣。交往、結婚又往往牽涉到對方家人，對於負擔沉重的男女而言，或許覺得這是遙遠的奢侈。

在日本，已婚的身分對社會地位似乎比較有利，日本男人常出現在赴國外出差前結婚，也就是找女人照顧自己，甚至有的還昭告天下：「我結婚的話，各種津貼可以多出六、七萬日幣，要不要跟我結婚？」這例子或許極端，但確實很多人結婚都只是為了社會需要、因應有利的社會制度罷了。

單身男女原本也不想與別人一起生活，連去公司研修和同事同房一周都快發瘋了，或如已論及婚嫁的原平，陪女友返鄉過年一周後就放棄結婚打算，因為發現無法和女友一起生活兩天以上。許多男女堅持極品一人的生活，是因為想要有一個自己滿意的空間，充滿對方體味、擺飾都是對方喜愛的玩意兒、太雜亂或過度整潔，只會讓他們待不了多久就想回家了。這是否足以讓人理解，有人就是不想戀愛、結婚了？

放棄婚活了，一切隨緣

日本人直至五十歲連一次婚也沒結過的「生涯未婚率」，據二〇一五年國勢調（人口普查）結果、男人達百分之二十三，女人則百分之十四，而預估到了二〇二〇年，男人將上升到百分之三十、女人百分之二十；至於三十至四十九歲的「未婚率」，男人百分之三十二人，女人百分之二十二，也就是每三個男人中有一人單身。這些數字令許多男女緊張，開始積極參與婚活（結婚活動），帶動婚活產業或外食產業的活絡，但幾年下來，大都喊累了，紛紛撤出。這些男女再不想把自己商品化，也不想把別人商品化，原本以為年過三十五歲可婚可不婚，經過婚活市場的一場混戰，更覺得靠緣分沒什麼不對，急著結婚未必有好結果，還會讓自己悔恨越來越不像自己，即使結婚也有不少失敗的例子。

許多婚活女努力著不以條件衡量相親、聯誼或婚友社安排的男人，但男人卻往往只看女人的年齡、外表及家世，更把自己當商品看，感覺很差。單身久了，對許多事都有自己的主見，原本就很容易用減分法來看婚活對象。像婚活女千佳，原本初次見面覺得對方還不錯，但後來約會看他穿了一身老土前來，變得完全難以忍受，雖然心裡也想或許不會打扮的人才老實，但畢竟彼此都不是會輕易放棄自己的年紀，說也懶得說，就再沒見面了。

洋一也是認為有緣分結婚也ＯＫ的人，他在三十二歲時遭到交往兩年的女友拋棄，現在三十五歲，雖然有許多同年的女同事，但沒人對他有興趣，且有些年輕女同事儘管很不錯，但太有能力、主張又很強，讓他意識到自己對女人除了要求年輕外，還要可愛、順從，覺得很可怕，幸好沒在公司內這樣說，否則可能會被認為性歧視。

洋一多次參加過婚友社舉行的婚活派對，覺得很可笑，雖然業者費心安

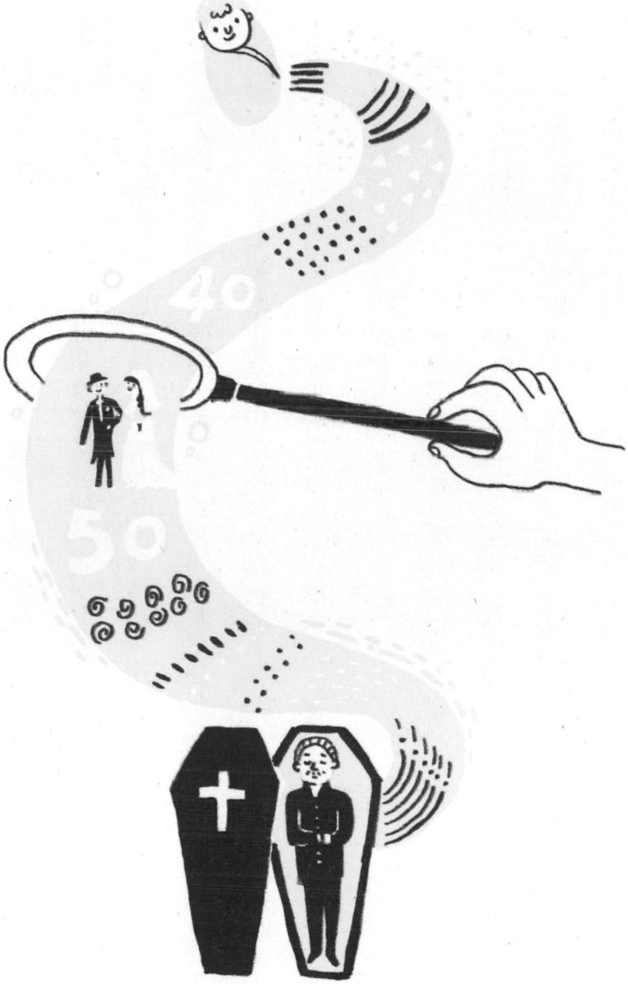
40
50

排，但就是玩不下去，感覺這種以結婚為前提的活動，都只是在估價對方而已，然後自己也在裝樣子，看看能否讓對方高估一下，一旦外表被看中，又覺得很茫然，如果是不錯的對象，也還好，只是大部分婚活女都直入主題，總是會先問洋一是不是長男，是否有需要照護的父母或負債，年薪多少，有沒有升遷希望等等。雖說結了婚畢竟要過一輩子，確認這些條件無妨，但其實很傷感情，洋一覺得就像告訴你後面或許有山珍海味，卻得先吞下一碗餿水才行，加上往往還有其他競爭對手，或選了未必是自己想要的女人，不管怎樣都很懊惱，他說：「我放棄了，再也不搞婚活了！」

洋一覺得現在一個人沒什麼不好，也沒抱定不婚主義，雖然大家都說不搞婚活就等著一輩子打光棍，成為「生涯未婚率」統計裡的一個數字，「大概更不可能結婚了！」但看緣分有什麼不對？現在不都說是人生百年時代，若從日本平均壽命來看，反而四十歲才是適婚年齡，到五十歲結婚也還可以。當然，女人會有生產大限問題，不過現代醫學已經能將年限延後了，何況真要孩子的話，還可以領養等。洋一甚至認為日本舊社會裡，孩子儼然大家族、村子的共有體，大家一起撫養，目前的制度讓兩個收入不多的人撫養，反而非常吃力，即使沒有也無所謂。

洋一已經想開了，現代男女都有個性，因此好球區（Strike Zone）很窄，如非聖母般的女人，大概很難拯救他，雖然自認還算普通，但在別人眼裡或許很偏頗扭曲，還是看緣分吧！看著朋友在臉書曬結婚、生子，內心不免多少有些羨慕，或許只要不死心，一切也還有可能吧！

為什麼要結婚

對尚未結婚的人來說，婚姻就像沒有標籤的罐頭，不打開來看，不知道是香是臭。身為已婚者，我覺得結婚也不錯，不會鼓勵別人不結婚，卻有許多單身朋友雖然對婚姻沒死心，但三十出頭就覺得自己想通了，不懂為什麼要結婚，一個人也可以過得很快活，像景子就是如此。

景子三十三歲，即使身旁的女友相繼結婚了，她也不為所動，公司裡的歐吉桑都常取笑她：「〇〇也結婚了，妳大概更焦慮了吧？」事實上，景子一點都不焦慮，她總回答：「我和工作結婚最滿意，因為結果我有把握！」

雖非拚命三娘，但景子覺得工作很快樂，尤其工作五天後，周末超珍貴的一個人時間，一點也不想跟別人分享。想賴在家裡，做點自己想做的事，也想穿著舒服的衣服懶散地在家附近商店街散步，買點自己想吃的東西……她很喜歡自己一個人在家的時間，夏天可以一進門就脫下一身汗臭的外衣，裸身去淋浴，甚至當一陣子上空女郎，要是兩個人就不這麼自由了；她也喜歡讀點書，喜歡在網路與網友聊歷史以及古城，現代資訊多，一個人的時間永遠嫌不夠。

也有人問景子：「妳生病的話，怎麼辦？」景子認為生病醜態百出，更不想讓人照顧自己，還是一個人最好，不管怎麼咳嗽、擤鼻涕、拉肚子，再邋遢都沒關係，不必在意，真惡化到不行，就叫救護車，難道要為了叫救護車而結婚嗎？

不少朋友也說：「一個人生病也還ＯＫ，比較擔心的是老後一個人怎麼辦？」有伴相依偎或許不錯，但景子覺得不管父母或兄弟姐妹甚至子女，她都不想依賴，何況是男人，那樣很不公平，不該把自己的負擔硬推在別人身上，每個人的老後應該自我負責，一人的老後一定比兩人的來得容易，也因此景子已一邊工作一邊開始存錢，覺得如果顧及自己的老後還ＯＫ。

景子並不認為自己不結婚，父母會傷心，因為母親很明理，認為景子專心工作不必為結婚辭職，實在太好了，等於彌補了自己當年的遺憾，母親還說：「妳若想要孩子，未婚生子也無所謂，孩子帶回來，我幫妳帶！」這點倒是真的，景子滿喜歡小孩子，即使不結婚，或許哪天遇到心儀的男人，覺得「生這男人的孩子也不錯」時，她可以直接生孩子就好，不過一切順其自然，沒緣分的話就是不行。「只有生孩子一個人做不來，其他大抵一個人都能做。」

景子從不嚮往穿新娘禮服、舉行婚禮，覺得還不如參加萬聖節的cosplay，不需勞動大家裝扮整齊且得破費包紅包。總之，她想不出任何應該結婚的具體理由，而原本以為有景子這樣想法的應該極少數，不料最近卻越來越多，就是「找不到結婚的理由」！

為了嗜好絕不妥協

極品一人堅持一人生活狀態，多半是為了個人特殊的嗜好只有一個人才能享受，很難得到他人的理解，就像美佳非常喜歡三溫暖，而且喜歡自己一個人慢慢蒸的 solo sauna，她花了錢把家裡浴室加上三溫暖機能，以雙重玻璃隔離且裝了通風電視，回家後的時間幾乎都裸身泡在浴室裡，許多男人無法接受她的嗜好，和她常為了冷暖氣的溫度而吵架，讓美佳覺得還是一個人最好。

日本有位人像攝影師喜歡石頭，覺得拍攝石頭的愉悅不輸給拍女人裸體，一有空就鑑賞自己從全國各地撿來的石頭，甚至還創辦了一份關於石頭的雜誌，雖然每個月只賣一千份，算是愛好者的「同人誌」，但自得其樂，不覺得一個人有什麼不好，也不認為有任何女人會接受他把所有心血花費在石頭上。

也有許多單身男女喜歡做模型飛機、火車、娃娃屋等，很怕旁邊有人打擾，或亂動了零件，非常恐怖。典明每逢周末都會製作各種模型汽車，而且喜歡一鼓作氣完成，常常動輒二十個小時，廢寢忘食，如果有機會他甚至想成為職業模型家；曉子做娃娃屋也是，家裡到處是飛機木、壓克力顏料等，一專心下來也是十幾個小時，期間隨便啃個麵包就好了，一點也不委屈，她覺得要是有伴侶，一定無法容忍她的「娃娃天地」。

翔太則喜歡打蕎麥麵，蕎麥麵從粉裡加水的時點就開始乾燥，因此從打麵到吃之間越快速味道越好。他只用蕎麥粉打麵，也就是所謂十割蕎麥麵，很容易裂開，他卻認為這樣才能充分品嘗到最純粹的蕎麥香味，而透過打蕎麥麵和附近商店街許多歐吉桑交流，也讓他學到許多人生智慧。但許多女人覺得他的嗜好太老派了，而且不是一般的執著，舉凡蕎麥麵粉的產地、用水等都非常講究，她們無法配合，他也不強求，認為獨樂樂是至高之樂，未必要分享才行。

除此之外，釣魚或騎越野單車等看似普通的嗜好，往往一出門就一整天，若有伴侶，難免會囉嗦。崇之喜愛釣魚，魚上鉤的那瞬間，令人雀躍不已，他也喜歡想像水面下的地形及魚的動靜，而自己釣到的魚更是格外美味，不論川釣或海釣，一整天聽著潺潺溪水聲或海浪聲，覺得比任何音樂都癒療，倒是曾有同行的女性覺得無聊，嫌太陽太曬等，崇之從此就死心，不再勉強了。

女人的某些嗜好男人也未必能欣賞，像是迷上拳擊、摔角乃至打獵等，這些過去在日本都是非常男性的活動，現今有很多女人完全不在乎世俗眼光的投入；也有許多女人熱愛攝影，一年到頭有上百天都在從事這項活動，為了拍出美麗的景觀或動物、人物，不惜出遠門或一等好幾個小時，還參加攝影比賽。像千晶為了攝影，沒做過一頓飯、從沒好好待在家裡，她覺得沒有男人能接受她，也不想讓人嘮叨她，因此常慶幸自己是一個人，才能安心地深陷寫真世界。

「專業童貞」、「專業處女」唯我獨尊

日本不僅單身比率節節攀升，連童貞率、處女率也越來越高。二〇一六年秋天，日本國立社會保障．人口問題研究所調查發現，十八至三十四歲的未婚男女，雖然近九成想婚，但有百分之六十九．八的男性，以及百分之五十九．一的女性都沒有交往對象，成了所謂的「戀欠男子」「戀欠女子」，且童貞率、處女率非常高；結婚離異或曾交往而後進入悠長空床期的「二度童貞」、「二度處女」者數字更是驚人；許多年近六十的男女雖然有異性朋友，但沒打算跟誰交往或上床，並表示沒太大問題，當「專業童貞」、「專業處女」也是一種選擇。

這項調查最受矚目的有兩點，一是沒有交往對象的男女，雖然九成有結婚意願，卻有三成表示完全不想深交下去，不覺得有需要；另一點則是童貞率、處女率也提高了，十八歲至三十四歲男女分別都提高了百分之四到六，男性未有過性體驗者高達百分之四十二、女性更高，百分之四十四．二，高達四成以上。此項隔五年舉行的大規模調查，震撼了日本各界，尤其童貞率、處女率最近兩次調查都各提高百分之六，即使單就三十至三十四歲，男性有百分之二十五．六、女性百分之三十一．三沒有性經驗，這樣算來，日本三十歲以上的童貞就超過兩百萬人，處女則高達兩百五十萬人，也因此才會有童貞、處女沒什麼好害羞、自卑的主張，自認是有想法的「專業童貞」、「專業處女」。

日劇《月薪嬌妻》裡描述的就是年紀不小的童貞、處女。男主角津崎是三十六歲的高齡童貞，女主角的阿姨百合則是五十二歲處女，沒有性體驗就迎來閉經，都是日本或台灣社會當今很高比例的現象，難怪原著漫畫以及改編的日劇引起廣大共鳴，如此有人氣。

童貞、處女大增的原因，也跟日本男女逐漸脫離性愛有關。日本還在說要做愛做到死的都是熟年誌了，年輕人看的是只以動漫表現的童顏巨乳，ＯＬ看看色情淑女漫畫自慰，或許認為更有自我想像空間，與別人性愛太麻煩費事了，性愛ＤＩＹ乾脆俐落，自由自在，不費時、費工夫。

據日本家族計畫協會二〇一四年的意識調查顯示，「對於性愛無關心、厭惡」的人，男性高達百分之十八．三（二〇〇八年為百分之十．四）、女性百分之四十七（二〇〇八年為百分之三十七），大幅提升，童貞、處女再也不罕見。日本男女在職場生活裡，對其他同事也會用「他是童貞吧？」來揣測對方屬性；社會上，「專業童貞」、「專業處女」雖然無需公然強調，但一點也不需要自認特別或缺憾了。

《月薪嬌妻》裡的百合，長得不錯又很能幹，而且是閉經的處女，她寵愛女主角，兩人既非朋友也非親子，年紀相距一半，但就像閨房密友，可依賴又可互相撒嬌。專業處女有專業處女的歡樂與煩惱，有自我覺悟的部分，但也未必需要那麼快就死心。不論百合或男女主角，都不把工作或婚姻當作獲得肯定或滿足欲望的道具，因此女人單身並不可恥，男人賺比女人少也沒什麼可恥。

每個人有每個人的幸福方程式，不必周邊的人幫自己判斷。日本有位自稱「專業童貞」的五十八歲男人山口明，就以童貞自傲，覺得自己一直在企製時代最尖端的生活，他有很多女朋友，卻沒有任何深入的關係，主要是覺得一旦深入，其他便會失去，因此對戀愛、性愛都不積極，並認為這樣的生活模式也開始滲透到年輕階層了。山口明還指出，日本偉大的音樂家瀧廉太郎、詩人宮澤賢治、政治思想家吉田松陰等都是專業童貞；西班牙建築大師安東尼．高第活到七十四歲還都是童貞，顯示童貞或處女都有非常值得驕傲的一面。不過，他也說成為專業童貞可不容易，第一得不在乎別人說三道四，因為「我不是不能做愛，而是不做」；第二是美女當前要能忍耐當個柳下惠。

雖然我覺得「專業童貞」、「專業處女」很不錯，甚至很偉大，但性愛畢竟還是有可取之處，倒不必如山口為了能自豪專業而一輩子拚命守著童貞、處女，特意為此而忍受不想忍受的。

搞 solo 活不必害羞

獨居一人雖然是因為珍惜自己獨享的時間，但並不表示要遠離群眾。一向喜歡獨自行動的人，眼下獲得空前的肯定，舉凡有關獨居一人的網站中，最多投稿都是一人活動的「solo 活」，而且不分男女，以往許多女人止步的牛丼店或拉麵店，如今都常見女人一人堂堂地在用餐，其他非日常或日常化的 solo 活更是不計其數。

最近出書宣揚 solo 活的朝井麻由美指出，solo 活有六大好處：一、無需配合別人的日程；二、想去想做，瞬間就能行動；三、不必在意別人；四、自己去，可以發現跟別人去沒發現的地方；五、培養自信；六、更了解自己！

因此即使有情人、配偶的人也應該多多進行 solo 活，solo 活的價值具普遍性，是自己對世間的肯定，也是對單獨或孤獨的肯定。自己一個人或落單不必扮演弱者迴避世間的眼光，solo 活肯定一個人、享受一個人，也讓人理解一個人為什麼這麼好。

solo 活是自己一個人行動，因此會提升個人對萬事萬物的理解度，像是一個人去燒肉店，就會留意如何點哪些部位的肉、如何燒烤，而不是別人點什麼、烤什麼就吃什麼；或是愛好時尚，究竟自己喜歡逛街還是閱覽網路、書報雜誌以觀察流行？不需配合別人採購或瀏覽自己不感興趣的玩意兒。

solo 活不必等著「輪到自己」，因為自己永遠最優先。吃飯不必問別人喜歡吃什麼，可以吃自己當下最想吃的；所有團體行動都在「忍受多少不愉快，以獲得更大的愉快」，而一人行動則是「極力去除所有不愉快，以獲得適宜的愉快」。人生未必需要一一和別人對決、比較，自己覺得贏了就是最大贏家，否則人上有人，永遠會是輸家，充實的 solo 活就能告訴所有人這個道理。

solo活最明顯、有利的當屬一人卡拉ＯＫ，收費便宜，不必等麥克風轉到自己手中，不需在乎音準的評分，可以練唱許多冷僻的曲子，或是練幾條拿手曲子，以便日後震撼同事、朋友，沒有別人起鬨，才能發現自己到底適合唱什麼歌。

有些人對於某種領域的solo活會有猶豫，譬如有人可以單獨去迪士尼樂園玩，卻對一個人吃燒肉卻步，這是因為大家普遍認為吃燒肉、涮涮鍋是大夥一起吃的玩意兒，但只要去過一次之後就會習慣了。solo燒肉幾年前還是少數派，現在卻逐漸變多了，連有配偶、伴侶的人也愛solo燒肉，可見solo活走在時代尖端，提示了新的理想消費方式。

會對solo活感到猶豫的原因，還有是怕被認為「你真可憐，居然自己一個人吃喝玩樂」，但現今世間已經不這麼想，反而會是認為「你興致不小，自得其樂的，看起來真舒服」。此外，有些店是女人進去需要一點勇氣，有些店則是男人進去需要勇氣，例如美容院或美甲沙龍等。

solo活比較花錢，大家一起消費比較合算？這也是誤解，solo活可以量力而為，不需因為在乎別人而打腫臉，像不愛喝酒的悠太朗，就覺得每次參加那些酒錢佔一半的宴會很划不來，他喜歡的是只喝一點點、細細品味店家的好菜。

具體而言，solo活最大好處就是量力、隨性又盡興，可以開發的solo活種類無限，究竟有哪些solo活值得嘗試呢？一人星象館、一人貓café、一人下午茶、一人保齡球、一人盆栽、一人吃到飽、一人動物園（水族館）、一人名甜點巡禮、一人採草莓（水果等）旅、一人鐵道旅、一人酒吧巡禮、一人偶像演唱會、一人溫泉旅、一人大全餐、一人賞花旅等等，甚至還有一人摩鐵（賓館）旅，往往比普通飯店更便宜，設備更充實，只要有勇氣，一個人可以獨佔一片天地！如果能做一人摩鐵旅，大概所有solo活都沒問題，可以領solo活高級證書吧！

人生苦短，還有力氣想做的事就趕快一個人去做吧。

一個人享受，享受一個人

單身男女都有許多獨家享受生活的方法，又因為是一個人，不會遭到勸止或嘲笑，這就很值得了，難怪極品一人都說：「我不僅是一個人在享受，也是享受一個人！」

最近日本有位「五十前後（Around Fifty）男子廚房三百六十五日」網紅吉田正幹，他在Instagram上公開自己每日菜單，粉絲累積達一萬一千多人。吉田和其他不斷求刺激的網紅不同，四年來公開的都是非常日常的做菜模樣，一點不誇張、豪華，至今po了一千五百回料理，他表示既然說是三百六十五日，就要每天更新，但能這樣持續下來自己也很驚訝。吉田有其他工作，但想以自己的名字做點什麼事，年輕時曾想當演員，現在顯然有點晚了，過了四十五歲才想到可以比較輕鬆開始的就是做菜，五年多前真正實行起來，然後公開在Instagram。

吉田的概念在於不好高騖遠的家常飯菜，不為了節約，而是吃厭了外食，講究食材，追求美味，借重壓力鍋以及一些基本調味料。他每周採購一次，每次約五、六千日幣，比外食便宜，而且會動腦筋做些安排與準備，提高做菜效率，樂趣無窮。他之所以對做菜有興趣，是受了向田邦子的散文集《你不吃嗎？》影響，現在除了原來的職務，最愛的「料理」也逐漸成了他的工作，把自己做好的菜供應附近的酒館，或許哪一天也會開起自己的料理屋來。

像吉田這樣，因為單身所以可以專心工作，可以隨意發展自己的興趣，進而變成另一個工作的主軸，因此許多人覺得沒結婚很好。已婚者的人生主軸往往是「工作＋家庭」，單身則可以是「工作＋興趣」或是雙工作的「工作＋工作」，非常享受，這也是一個人的特權。也有未婚女性喜歡四處品嘗自釀啤酒，在日本開始了自釀啤酒之旅後，也認真學習自釀啤酒，接著開了一家小小的啤酒吧，方便像自己一樣的單身女人推門進來喝杯啤酒。這樣的心願，往往也只有一個人才可能達成，且過程中沒有太多顧忌與畏懼，非常享受。反之，已婚者為了家庭常會有所割捨，像我的老師齊邦媛當年到美國求學，眼看就要拿到學位，但因為跟家人約定了，只好如期返國，眼睜睜放棄學業與學位，幸好最近該所大學授予她名譽博士學位，不過，也或許因為經歷傳統對已婚女人的壓力，九十五歲的她至今非常珍惜一個人自由自在的生活。

日本有些單身男人專門尋找「大都會的沉思景點」，像是去東京池上本門寺，邂逅日籍韓裔相撲力士也是摔角力士力道山的精靈，因為他的墓就在那裡。「大都會的沉思景點」雖然在大都會，卻能遠離塵囂，幽靜得能讓人陷入沉思，同樣基準的，還有如東京鐵塔旁的增上寺也很有人氣，或是宛如蛇行的東京善福川流經的綠色地帶，橫貫杉並區的「中央線沿線」，自古就是所謂「次文化」氛圍，尤其中野、高圓寺、阿佐谷、荻窪等地，生活方便、物價便宜，單身男人只要來過，就不想離開。單身女人則喜歡探訪能量景點，覺得這些地方會賦予人的身心乃至靈魂充滿活力；但也有女人覺得閱讀滿載智慧的古典或現代作品，或是觀賞凝聚眾人能量的電影，同探訪能量景點一樣效果。因為是一個人，可以隨心所欲出門探訪，或是心無旁騖地閱讀或觀賞，不會有人打擾、妨礙自己全心全力吸取能量的作業。

有位單身男人因為懷念兒時的關東煮味道，一有空就走訪各地專賣關東煮用魚漿製品的蒲鉾店，並在網路上成立一個關東煮網頁，非常受歡迎，可見同樣有著關東煮記憶的日本人不少。他發現東京東邊蒲鉾店較多，西邊較少，像新宿區居然一家都沒有，或許因為東邊靠海的老街多吧。雖然走訪本身儼然自己的美食之旅，但也同時記錄了一個逐漸消失的時代，或許不是單身就無法這樣持續下去，提供以及宣揚這些傳統蒲鉾店的努力以及成果。一個人可以享受興趣，而且徹底、認真，甚至成就了好玩又有意義的大業。享受一個人，也會有相當不錯的結果！

享受吧！一個人

未婚當然時代來啦！

即使現實上未婚、不婚比率已經不斷提高，但單身男女還是會感受到許多壓力，「我沒在想結婚的事，可以嗎？」「我對結婚沒興趣，難道是異常？」「除非拚命搞婚活，否則似乎不容易結婚，但我更想做別的事。對婚姻缺乏想像，這樣有問題嗎？」日本有預測指出，到了二〇三五年，單身人口將超過半數，現下也有相當比率的人沒積極想婚，尤其是二〇代、三〇代，四成沒想結婚，日本社會已經變成「未婚當然時代」「超 solo 社會時代」了，大家可以享受多元的人生觀，未來單身一人是多數，有伴侶或複數人口的家庭逐漸變成少數，單身者不必再覺得困擾，不必低著頭想自己的事了。日本房地產業者以及其他企業，尤其與家庭相關的產業，如外食、房產、旅遊乃至汽車等，如果不面對這樣的現實，及早推出因應單身用商品，將會遭市場淘汰，反之，就能掌握最佳商機。

日本國立社會保障．人口問題研究所在二〇一五年日本生涯未婚率的調查數字，最近三、四年又大增，更令人吃驚的是，向來頗高的雖然不婚但想婚的比率，這次居然只到四成，而且接受調查的對象百分之十八．八的人積極想結婚，百分之四十四．二是「現在還不想，但終將結婚吧」，其他百分之二十．三則是「現在沒想要結婚」，百分之十六．七「今後也完全沒想結婚」。

雖說近四成（百分之三十七）的人沒想要結婚，但若加上當下還不想的人，其實沒積極想結婚的人超過八成，是非常高的。

四成不想結婚的理由，半數以上（百分之五十二．三）是覺得「單身自由輕鬆」，百分之三十五．一則表示「不覺得結婚本身是必要的」，也就是二十幾歲、三十幾歲的男女是很有意識地不選擇結婚，也就是「選擇單身」的人越來越多。

不論想不想婚，二十幾歲、三十幾歲的男女八成都對未來感到不安，也因此七成（百分之七十一．九）的人都有在儲蓄，過半的人（百分之五十四．九）擔心自己的健康，過半的人（百分之五十三．八）害怕自己會沒有工作。

這些年輕人想法很踏實，不會想用結婚來解決自己的不安，都很獨立自主，六成以上都對未來有點對策，不依賴結婚。大家都逐漸知道，面對人生困境，一個人往往還比兩個人容易，日本夫妻之間互相過度的依賴，夫妻或親子有時令人窒息的羈絆關係，事實上也已經越來越稀薄了。

「結婚生子」的人生設計已經並非理所當然了，堂堂正正道出自己不想婚、沒在想、根本不想，或將來才想，不僅不會不想說，也不必再以謊言搪塞「你為什麼不婚？」。因為既然單身過半的話，自然不會有人再問這樣的問題了，反而會問：「你為什麼還要結婚？」「你到底哪裡想不開？」未來單身與已婚者的立場可能逆轉，已婚者雖非存心欺騙，但為了怕麻煩，說不定會說：

「我還沒結婚！」就像現在有些單身者故意說自己已經結婚或離婚，以擊退那些逼問一樣。

超solo社會，大家知道單身並非孤立孤獨，也知道家族與solo社會並非對立，因為家族裡也有很多單身，複數家族隨時可能變成一個人，一個人也可能隨時轉換為擁有小家族或沒有血緣關係的家族。

此外，未來的消費將會是「個」對「個」，亦即提供給「個」的商品及服務的人自己也是單身的「個」，將會更貼心，「個」的消費也將帶動消費，因為solo生活時間大為增加，消費單位從「群」過度到「個」，又因為「個」的消費至今尚未完成，更能讓人獲得成就感、滿足感，極品一人的時代也更徹底來到！

自己一個人吃飯充滿無限可能

日本著名的個性派演員角野卓造也是著名的美食家，他最近寫了一本《予約一名，我是角野卓造》，介紹自己喜愛的京都料理店、酒場，最神氣的是他是預約一人份的餐飲、席位。原本期待兩人以上預約的店家，現在都改變了，也接受一個人的預約，不僅京都，其他各地也不少，因為同漫畫、影集主角一樣享受「孤獨的美食」的人越來越多了。

角野並非單身，但或許工作關係經常一人在外，因此一個人吃飯的時候很多，而即使單身也會非常珍惜這麼一段不被打擾、自在的用餐時間，尤其在東方社會要有專屬自己的寧靜並非容易。

一個人吃飯並不寂寞、可憐，單身的月子就說了：「跟朋友吃飯，往往是因為需要，需要交流、維持感情；自己吃飯，偶爾預約想去的餐廳，算是犒賞自己，好好品味一下！跟別人吃飯，熱鬧有趣，但很混亂，有點食不知味！」

東京有許多燒肉店可以從一片肉點起，即使一個人也可以品嘗各個不同部位的肉，不需要有人陪。壽司也有歡迎一人享用的店出現，也就是握壽司，師傅不依照傳統給兩貫，而是可以只點一貫，最近連迴轉壽司都開始出現只有一貫一盤的，一人壽司至上的時代來了。

喜歡一個人吃壽司的繭子認為自己吃壽司，可以不必在乎別人喜好，只點自己喜歡的，也不必蓄意找話題，還能向師傅請教今天有哪些值得吃的，以及觀察師傅的手藝作法等，平添進食的樂趣。繭子說：「壽司那麼貴，不是一個人吃，等於糟蹋掉了！」完全是「孤獨美食家」的境界！因為是一個人吃，才有機會接觸店家或當地人，一個人吃飯，就像一個人旅行，充滿無限可能。

好友淳則說：「我從小喜歡一個人吃飯，因為可以邊吃邊看書！」是的，喜歡邊吃飯邊做點事的人很多，即使一心兩用，還是能兼顧細嘗食物的味道。

現在越來越多人喜歡一個人吃飯，不論被稱之為「孤食」、「獨食」、「個食」都無所謂，就算買個便當填肚子，也不會有什麼孤家寡人的悲壯，好不容易有空吃飯，只要能吃點自己還算滿意的，也就有滿足感。雖然和別人「共食」也不錯，不過為了商量時間地點互相配合，實在太麻煩了，約好要去吃什麼，到時候或許已經沒胃口，一個人吃就很能隨機應變，吃當時最想吃的。

也有人喜歡一個人吃飯是因為不想連吃頓飯都必須小心翼翼，喝湯不能太大聲、醬汁不能四濺等，或是菜色飯量乃至速度都得配合別人，胃都痛起來了！

我也喜歡一個人吃飯，可以隨便進去家人未必想去探險的店，或點些平時不可能點的餐點。我的伴侶則抱怨說：「我從婚後就沒點過自己想吃的菜，第一道點妳想吃的，第二道點妳其次想吃的！」看似愛情的表現，其實是批判我的霸道，看來他也喜歡自己一個人吃飯！

孤獨美食，嘗出真髓

現下的日本也非常歡迎一個人來用餐，設置了許多方便一個人用餐的吧檯席，連家族餐廳也都如此，甚至還給吧檯席優惠，提供電源，歡迎一人慢慢享受。此外，也有歡迎「1人樣」餐廳指南上市，甚至有「1人樣」的食譜，原本許多菜少量做更美味，一人享受更幸福。

一人享受美食源自日本卻廣受歡迎，尤其透過漫畫及連續劇《孤獨的美食家》（孤獨のグルメ）更滲透到世界各地，完全揮去了一人用餐的負面形象。

現實上許多中高年上班族成了老闆、經營者之後，最大樂趣就是可以一個人按照自己的節奏用餐，不必陪客戶或上司、部下吃飯了，孤獨美食儼然是成功的象徵。不過，享受孤獨美食而不覺得孤零零，未必要事業有成才行，只是需要一些訣竅。

首先，要找到美味的店，像《孤獨的美食家》裡出現的店，料理看起來都非常美味，這樣就不會發生一個人還吃到難吃東西的雙重悲劇。不僅料理要有魅力，往往那家店的味道還可以反映出附近社區小鎮的氣氛、風景，充滿主人個性的大眾食堂，公路旁司機群集歇腳的餐廳，商店街裡的一個小攤子等，因為散發親切與包容力，因此店家一開就是幾十年，也有依照老顧客的餿主意打造出來的菜單，或是店主臨時起意的小菜等，人情味十足，不會讓人孤獨，在店裡像是在家裡一樣自在，不需要正襟危坐。

孤獨美食的店，一個人在角落默默享用很不錯，喜歡跟人搭訕或被人搭訕的話，則可以挑個面對店主的吧檯位置，可以永遠當異鄉人，也可以慢慢才融入該店的氣氛，馬上就跟覺得可愛的店主或老顧客閒話家常。沒有架子的店，甚至很有精神、有點氣勢的店，都會讓人精神抖擻起來。

悠太朗沒有應酬或朋友相約時，最喜歡到各處美食聖地展開巡禮，每次都會假定自己的腳色，今天或許是多話的悠太朗，找人搭訕、認識新店，下次或許是嘴饞的悠太朗，埋頭專心吃。是的，一個人的話，可以隨心所欲扮演不同的自己，在東京，因為工作累了，不想再跟人過度親密；出差到了地方鄉鎮，則會換了個人，透過料理以及與人的交流，了解當地的特色。

最近十年，日本非常流行所謂「縣民性」，除了獲得旅遊書沒有的資訊外，更體會到任何一個小地方，如果不是親自走到這裡，跟當地人說說話，是無法真實體會當地的文化與人情。四處去發現鄉土料理及人情，或是家裡附近小店師傅的「神髓」（精髓，奧蘊），也是孤獨美食的真髓之一。

孤獨美食未必是昂貴的究極料理，卻能奪目或是佔據人的胃袋。極品一人的話，可以決定自己開動之前，先拍一下照片，也沒人會皺眉。像悠太朗就不時會貼出豐厚柔軟的炸豬排、赤紅極辣擔擔麵，或宛如水果切盤的美麗蛋糕等，對深夜肚子有點餓的大家來說，簡直是恐怖攻擊呢！

孤獨美食因為沒人來分心，自然就會像漫畫中的五郎不斷跟自己對話，點

ご予約席

叫失敗時心想「豬肉與豚汁重複了」，或是「我簡直是人間火力發電廠」、「我是製鐵所，胃袋宛如熔爐般」、「才剛開始吃，就知道這店準是飯量不足的」等等，除了照片外，悠太朗五郎式的吟詠，也讓人期待歆羨萬分。

一個人的大主廚

維持生命最大的能源是食物，沒吃東西活不下去，吃得不好也很容易生病，像是生活習慣病就是如此。吃東西時為了增強喜悅與樂趣，很容易只吃自己愛吃的，也很容易吃了超出必要的食物，長年如此的話很容易飲食失調。如果身旁有其他家人不僅較能顧及營養，而且可以互相注意，就不會吃得太過；一個人則因為可以隨自己時間、只吃自己愛吃的、吃自己想吃的量，沒人管，就會亂吃亂肥，但真相又是如何呢？其實極品一人的飲食生活往往比有家庭的人還要講究，他們常繫起圍裙當大廚，然後認真品味自己做出來的料理，或是外食久了，覺得味道太糟，認真帶起便當的人更多呢！

最近日本有些單身男女甚至連冰箱都不買，租屋時一定選附近有便利商店的地方，必要時什麼都有了，便利商店就是自家的大冰箱。但也有獨居者正好相反，不但買冰箱，還添購了講究的電鍋、烤箱等，不但不覺得一個人吃飯很可憐，還非常期待，也喜歡為自己做菜做飯，何況現在日本一個人專用的食譜多如山，每本都有一百多道乃至兩百多道食譜，每樣似乎都很可口，讓人看了不禁手癢想試做。

這些食譜的分類很有趣，像是標明簡單就能吃的或是想要好好吃的，所用時間不同，有的不到二十分鐘就可以做好，有的即使五個碟盤的小料理，也要用上五十分鐘；有的料理是一次把買來的蔬菜都用完，然後分次冷凍，或是做成常備菜，而即使是泡麵，也可以添加點葉菜或自製肉片，就不會覺得「將就」而是「講究」了，一點也不虧待自己。

我曾在二〇〇一年採訪《虎口的總統》一書的作者上坂冬子，在她工作室聊得盡興，到了午餐時間，她便邀我一起進食，原以為是要到附近餐廳，萬萬沒想到當時已經七十一歲的她竟說：「妳也是記者，吃跟我一樣的！」然後手腳敏捷地在十分鐘內變出了兩人份涼麵以及好幾道小菜。涼麵是便利商店的速食加料版，外加她平時製作或購自名店的常備菜，有魚有肉，還有兩三種泡菜，儼然盛宴，果然待客也很精彩。她說：「出去吃飯的時間太可惜了，還不如這樣，我們可以多說說話！」

上坂終生單身，但著作等身，採訪她之後，她又寫了十本書，於八十歲過世。她自身是日本女性昭和史的寫照，我對她最深的印象，還是她很懂美食，而且很有效率地讓自己能享受餐飲時間，味道及食物平衡也都非常好，她說：「一個人做菜做飯，一個人吃，完全不必討好別人！妳比我小，我不必那麼在意，因此很開心跟妳分享！」真是極品一人的大前輩。

時隔快二十年，如今日本一人廚具乃至食材非常多，非常方便，尤其像是「一百日幣朗森（LAWSON）」、「永吐（AEON）迷你超市 my basket」，賣的食材都是一人用的，可以一次用完。當然也有些一人自家大主廚如悠太朗，就覺得小量食材很方便但種類有限，價格也略高些，有時間及力氣他會買大包裝的，做成常備菜，加上小魚乾、柴魚片、香菇、蝦米、干貝、昆布等，可以隨時調味成自然高湯的乾物，不僅有安心感，放在透明容器擺在廚房，也會是最佳的室內裝飾。

因此，悠太朗的冰箱冷凍室裡常有醃過的西京燒的鮭魚、鰆魚，以及許多豬肉片、雞排等，幾分鐘就可以做出美味的烤魚，或是豬肉白菜（或豆芽菜）的千層燒、海瓜子與高麗菜、綠蔥的微波酒蒸、金瓜與豬肉的黑醋炒等等，只要有點小材料，就能變出一桌菜來，讓許多朋友都喜歡找藉口去他家蹭飯吃，甚至讓他已婚的上司抱怨起，妻子都只買超市廉價的成菜加熱就擺上桌，實在不是味道。

悠太朗每次聽到這類抱怨，就不禁懷疑上司勸他結婚到底有幾分真心？而想到上司的食生活還不如自己，更讓他對婚姻沒信心。

不僅男人，單身女人更喜歡為自己做早餐、晚飯或便當，像杏奈總有許多創作料理，如果商品化也許會大賣，像是牛肉、牛蒡外加蛋絲，紫蘇飯糰，

或雙色花椰菜的起司小魚烤，芹菜蓮藕炒鯷魚醬、馬鈴薯肉醬奶汁焗烤、蔬菜關東煮、雞肉紅酒醋燉等樣樣是絕品，她說只要活著，就不愁沒美食吃，因為自己會做，而且都是長年研究食譜得來的。其他去上烹飪教室的單身朋友也很多，朱莉甚至還花大錢去了一家名學院，只是製程複雜了點，回家又沒有夠格的廚具與食材，反而不容易做，不如杏奈從食譜學起，現在已經自有一套了，我們都想投資讓她開店呢！杏奈自己做菜，一個人用餐時也會開心、正式地圍上圍兜，當自己的大顧客，她說：「自己做菜，最大的樂趣就是自己享受呀！」

單獨旅行自有好風景

極品一人喜歡旅行，甚至為了旅行而維持單身生活，我完全可以理解。我雖然非單身，也常一人旅，因為一人旅更能享受旅行至高無上的醍醐味，過去許多國家如日本、韓國不歡迎「1人樣」投宿或用餐，現在卻大逆轉越來越歡迎「1人樣」。一人旅也才會有許多不同的邂逅，是兩人旅或眾人旅所無法獲得的體驗。

單身朋友因為獨處時間多，覺得旅行有伴很不錯，的確如此，兩人或多人旅行的話，住宿或租車或許比較經濟，資訊及旅程設計也可分工，一起鬧鬧，歡樂無比，但往往由於行動節奏或喜好不同，兩三天就發現有點累了，到頭來不僅自己想去的地方可能無法成行，人的交流與視野還是侷限在原來的小圈圈，旅行才有的「意外」減少很多。像繭子最近去韓國玩，有家市場名店的火鍋不能點一人份，就在她看著菜單發愁時，排她後面的一位韓國女孩親切地表示：「不嫌棄的話，我們一起吃好嗎？」兩人邊吃邊試圖用各種語言與紙筆交談，因此成了好友，讓她開始想認真學韓文了。

或者如京介受了澤木耕太郎《深夜特急》的影響，有機會出國一定選擇多次途中轉機，以便到不同城市，像是從曼谷到新加坡，經過檳城、吉隆坡等，下次還打算到印度德里去，再從印度到英國；他喜歡像澤木那樣成為飛出日本的故事主角，然後邂逅或遭遇各種人與事，這是在日本體驗不到的完全一人旅，自己也開發了不同的深夜特急路線。因此京介還不想結婚，擔心會失去如此放浪的自由，只希望能遇到願意和他一起放浪的伴。

也有人到帛琉潛水，去時一人，回程三人，單獨旅遊反而能交到沒利害關係的好友。美娜則每次存足了錢，就去紐約觀劇、逛美術館，想看的東西太多了，跟別人去會少看很多，欲求不滿。愛到台灣的月子甚至不會希望我陪她，因為她熱中算命，不想讓熟人知道她到底怎麼想的，尤其台灣到處日文都說得通，和她一樣到台灣一人旅的人越來越多了。

到外國登山攀岩、騎越野單車，或各種主題的旅行，如環保志工之旅、世界文化遺產之旅、寫真之旅等，一人旅很容易實現，也可依照自己的喜好來設計。

因為是一人旅，注意力都在旅行當地的人文地理，收穫最為豐盛，如果跟其他人出遊，往往連去過哪裡都不記得，對風景乃至當地人的文化習慣等都沒有印象；一人旅也比較好意思在當地找朋友，透過朋友理解當地，甚或獲得當地人的搭訕、招呼，不吝惜分享他們的時空與經驗。

一人旅獨佔許多風景，而且每次旅行都扎實地屬於自己。

一人旅熱潮空前High

一人旅在日本來到空前熱潮的時代，書店裡四處都是一人旅專用的旅遊書，這是因為不僅單身男女喜愛一人旅，女人一人旅也比以前多，旅遊雜誌甚至都以女人一人旅為封面。過去喜歡小集團女子旅的日本女人迷上一人旅，旅遊的範圍非常廣泛，除了東京或日本全國，還遠及海外如台灣或偏遠的秘境，那些自稱「最強導航」的海外觀光指南作者往往也都是喜歡一人旅的女性，原來女人並不脆弱，更不怕孤單，因為一人旅實在太快樂了。

即使有伴侶的人也開始常會一人旅。日本最近流行所謂出差前後的休閒旅行「ブリージャー（Bleisure）」，結合商務（business）與休閒(leisure)的方式，職場對此類休假也越來越寬大。利用出差省卻交通費去旅行，非常美妙，此時當然更是一人旅。

喜愛一人旅的千夏表示：「一人旅最棒的，是所有狀況都自己處理，成就感格外高，任何慣性或偏見，因為是一個人也無所謂了，從訂定目標、預算、路線、預約到打包，出門的瞬間感覺世界正在等著自己。由於完全根據自己的判斷行動，任何感動都格外的感動，有什麼失敗或意外、糾紛，面對、處理也是難得的異鄉經驗，回家後還可以慢慢沉浸在餘韻裡，細細咀嚼，不會有人干擾！」

一人旅的每一分鐘都是珍貴的體驗與記憶，想po在SNS與人分享也很好，因為絕對是獨創。一人旅也是不會重演的一期一會，就是有自己、只有自己才會想去的路線，大抵與別人同行就無法體驗的事物。

市面上旅遊資訊琳琅滿目，可以選擇的太多了，已經不需要拷貝別人的經驗。一人旅包含了個人最強的價值觀，許多一人旅達人也都自認一人旅就是最強之旅，去了一次，很快就會想企畫下一次。

我自己也很喜歡出差旅行，日本國內交通費很貴，我甚至在伴侶出差去外地時，也常去當他的房客，他工作期間，我就展開一人旅。對於自己的旅行，我有著與朋友或讀者分享的使命感，因此一人體驗任何事都毫不害羞，積極地和當地人交流，問東問西，也會大搖大擺地去嚮往的名店訂全套餐點來享用。有的店最繁忙時段或許不容易為1人樣開桌，但過了就ＯＫ的店非常多，或先表明願意併桌等，1人樣自然受歡迎。我也常大方地問店家：「鄰桌客人點的是什麼，看起來很美味！」而點叫看來是老顧客的內行料理，或是把自己想吃的以及預算向飯店請教，往往會得到不錯的介紹，尤其有些偏遠地區，許多物美價廉的好店不會在觀光指南上出現，反而是一個人才有機會去冒險，如果和朋友或伴侶一起旅行，就會選擇比較低風險的「錯不了」店，失去「非常不錯」店的機會。當然因為是一人旅，成敗自己負責，我儘管是旅遊資訊狂，偶爾還是會吃到不值得一吃的餐廳，大喊冤枉，其後受到沒同行的伴侶嘲笑，悲歡都是自己造成的，這也是一人旅的最高醍醐味！

Bleisure

許多一人旅，旅途上往往以拉麵等一人容易消費的食物打發，浪費了體會當地餐飲文化的胃袋空間，幸好最近一人旅的旅人或旅遊設施都很進化，大家可以在開放氣氛下尋覓美食，尤其許多 café 也都提供鄉土料理給1人樣，旅人甚至也可以去當地傳統市場、百貨公司地下食品街，挑選自己喜愛的當地料理回房吃。像我出門旅行都會帶著簡易菜板、菜刀和加熱容器，就不會錯過當地最新鮮的食材，如刺身或水果。

到外地或海外往往需要幾天，要有假期及計畫，而且因為是陌生的地方，有的人會有不安，若是換成自己居住城市或近郊的小旅行，就隨時可以一人旅了。我經常在東京都內做一人散步或一人小旅行，即使只要離家一站，都會有超乎自己想像的意外世界，原來這裡有這樣的店家、寺院，或巨樹、水池⋯⋯日本這類的一人小旅行指南非常多，初期都是介紹哪些店或設施歡迎一人，最近則已經進化到哪些店能讓1人樣馬上和主人或客人交流，隨即融入當地，不再停留在「異鄉人」的狀態。

極品一人或許平時喜歡安靜地享受，但出了門淨可以扮演另外的自己，反正是一人旅，也不會有人看到自己的變貌。一人旅是對旅遊地大發現的機會，也是發現自己無數潛在的機會，實在魅力無窮，熱潮才正要開始呢！

擁有完整的個人空間

若問自己一人最幸福的是什麼，幾乎所有單身男女，都會不約而同地說是「擁有自己的城堡」，也就是自己的家是完整的個人空間，不受打擾，否則就算有時間，卻不能自由放任，完全毫無意義。在自己專屬的空間裡，只擺自己喜愛的裝飾，整理整齊，不會被搞亂，完全不整理，也不會被抱怨，白天睡覺也沒問題，一人屋本身就是最高享受。

像三十九歲的周作自己租了一個十五坪的房間，有個小閣樓當臥室，因此還有工作室及廚房。他很愛做菜，所以廚具以及杯盤瓶罐琳琅滿目，他覺得這樣的空間最舒適。從事設計工作，偶爾有客戶來商量，他也樂得秀兩手廚藝，結交朋友，合作關係也更為緊密了。也因為是他的一人屋，只要不過度髒亂，闖進來的無論客戶或朋友，都反而覺得舒適：「我們來這裡是賓至如歸！」

有位五十五歲的離婚男，因為過度花錢在自己的興趣機車以及追星上，妻子受不了和他離婚了，十幾年來他自己生活，發現超寫意。他在網路上公開自己的房間，裡頭貼滿偶像海報或是和偶像的合照，不必擔心被撕毀，覺得實在太幸福了。他的家裡還堆了大量心愛的汽車、機車及電腦雜誌等，自己做飯，甚至最近開始醃製泡菜，假日就騎車或開車去偶像簽名會、握手會，再回到自己的幸福世界，沒有缺憾，也不想要再婚。

也有些單身男女覺得只要能溫飽，擁有一個可以睡好覺的生活空間即可，如果一人屋能大一點，當然更好，因此許多人會租用和式老屋，不僅房租便宜，還可以和房東變成很好的關係，互相關心，互不干涉；出差拿回來的海苔、地方名產、甜點等，分給房東阿嬤或阿公，對方就很開心，不時也會回送自己費工做的家常菜。和式房子夏天還能打開窗子，增加延伸感，榻榻米房間可以擺床，也可以鋪棉被睡覺，被子平日太忙可以不用收，假日收起來，就可享受一個更寬廣的空間。

許多單身男女都對自己的一人屋非常滿意，認為自己想要都有了，或許只差「結婚對象」，但「結婚對象」也逐漸成了「非必要」的選項，甚至擔心有了的話，眼前非常滿意的狀態恐怕無法維持下去。許多人表示「如果有好對象，當然想結婚。曾經也有過覺得不錯的人，和對方結婚也ＯＫ」，但是不知怎麼，還是沒結婚，或許破壞現狀的動力不夠大，自己生活在一人屋太愜意了吧？

極品一人覺得一人屋好，因為一人屋等於自己內心世界的擴大，遇到悲慘的事，想痛哭一場，一人屋就可以盡情哭，不必擔心哭得多難看，也不會有人來囉嗦：「你到底怎樣啦？」一人屋裡每件物品的存在都由自己決定，不需要問別人，不會被迫丟掉自己喜愛的東西，猶豫不決的還可以獲得緩刑或者斷捨離，即使有點惰性，只要自己可以原諒自己就ＯＫ。一人屋也是人生自由自在的象徵，單身最高的幸福。

年節也享受

最近日本一人出門活動的所謂「solo 活」越來越流行，自認「solo 活達人」的不少，不斷透過電視、漫畫或網路媒體傳授秘訣，而且不僅 solo 活增加，針對 solo 活族的消費，企業也相繼動起來，最具代表性的是一人用的連鎖專門店大增，例如一人燒肉店如雨後春筍，到處生意興隆，又如優待 solo 活的設施，像東京迪士尼的「飛濺山（Splash Mountain）」，兩個人搭常常動輒排上一百二十分鐘，而如果是一人不到十分鐘就能搭乘。

不論東京或京都，許多名店現在都有一人席或櫃檯席，我若想跟伴侶一起去，就根本進不去，但是一人往往不必排隊就可以享用了，像是一人燒肉、一人涮肉、一人ＢＢＱ、一人情侶戒、一人婚禮等等。

日本長年調查顯示，最想一人去挑戰的是「海外旅行」，而一人最不想去的是「燒肉店」，但最近半年，四處都有一人燒肉專門店開張，甚至家族用或多數客用的燒肉店也增闢了一人專用席，最妙的是連伴侶或團體也愛去一人燒肉專門店，原來本著享受肉品的執著，即使有伴也想去一人燒肉專門店。

日本各界都沒料到一人燒肉專門店會風行到這種程度，當然最大原因是solo活越來越多，而solo燒肉一向被認為是一個關卡，何況有伴侶的人突然想吃肉也未必能適時找到同好，也會想進一人專門店。現在一人專門店的菜單非常豐富，不僅有普通肥瘦肉，連肩三角等稀少部位的肉品也都有，甚至還包括日本各地不同品種最高級的A5黑毛和牛，或一百日幣以下的小菜。

大家都有自己對肉的講究，solo燒肉才是最高境界，已婚的耕志總說：「託單身貴族的福，一人燒肉專門店這麼多！真好！」他最討厭吃燒肉只顧一直烤一直放到別人碟子裡的人，真是超雞婆，因為每個人喜歡的烤法及生熟程度各不同，好不容易下定決心點了昂貴優質肉，被烤得焦硬宛如黑炭，常常都想抗議，甚至有時點了「鹽味牛舌」，居然燒烤後有人拿去蘸醬，真想揍他。有的喜歡半生熟，有的覺得全熟才好吃。因此，再恩愛的夫妻或情侶還是各自烤各自的好。

原本為團體歡聚、自己帶材料進場的ＢＢＱ店，現在也備有一人用設備，因為一人ＢＢＱ太流行了。自己選購食材到店裡自行燒烤，是極品一人至福的享受，不僅高級霜降肉等在超市或肉店買比較便宜，還可以搭配自己喜愛的醬汁或包裹蔬菜吃，不僅烤肉，海鮮等也都能烤，甚至還能用烤出來的湯汁炒飯，加蒜加大量韓國泡菜，自由發揮，是人間獨一無二的美味。

戶外生活店的一人ＢＢＱ用烤鍋設備也大賣，一個人帶烤鍋去郊外燒烤，更是接近 solo 活的核心；還有一人露營，也因為沒負擔及高自由度，讓人覺得魅力十足，一個人在大自然裡，自在地過個一、兩天，做什麼都好，什麼都不做也很好；可以做自己想吃的任何料理，也可以只是吃泡麵；可以面對大自然，也可以在星空下起個火觀望，既是很特別的時間，也是超熱門的 solo 活項目。

如同一人婚禮，一人用情侶戒也很盛行，買給自己當禮物，另外一枚等著遇到好對象時送給對方，說起來不失祈祝良緣的作法，但或許也只是為了情侶戒簡單而中性的設計，因此特別喜愛。

最近也很流行一人保齡球，因為在日本大夥兒一起打保齡球，全倒時一定都會搞 high-touch（英文稱 high-five），就是舉起手來拍對方手的動作，許多人不想跟別人這麼玩。

一人卡拉ＯＫ店也越來越多，主要是許多人想去練習，而一人就能嘗試許多歌，也不想讓自己笨拙的唱歌模樣被人看到，不過也有人是因為「我聽煩了朋友唱歌！不會唱又老唱那幾條！」更氣的是，幾個去唱總有人要比別人多唱好多首，一人卡拉ＯＫ就不會有這些鬱悶而說不出口的事！

一人反而能享受更多自由選擇的特權，幾乎所有事都能一人做，甚至只有一人才能做。例如到寺院神社或教堂「默禱」，尤其過年過節期間，大都會

雜沓鬧區的寺社反而人跡少，常常還能獨佔偌大的社寺，像守夫就會在十二月二十七日，趁眾人忙碌時去東京鐵塔旁的名寺增上寺，這裡長年都是NHK《紅白歌合戰》節目後敲新年鐘的寺院，大家都很熟悉，初詣時人山人海，但此時幾乎無人，參拜完畢，可以在周邊的芝公園乃至王子飯店的空中庭園散步，每一處都是沉思的好地方。

一人的極品聖誕節

每年過完萬聖節不久，到處都看得到聖誕節燈飾，節慶氣氛滿點，沒有情人，也沒打算和朋友聚會，又沒有工作負擔的單身男女，如何享受屬於自己的佳節呢？

許多餐廳會針對佳節推出誘人的套餐或甜點商品，極品一人趁機與朋友聚會，或者一人出門享用當作犒賞自己也不錯。據日本女性愛用的ＯＺ網站調查，雖然是情人、家人或朋友團聚的節日，卻有七成以上的單身女人有單獨過聖誕節的經驗，六成以上覺得自己一人過節毫無問題，同樣有放鬆自己並對自己好的節慶感。以前流行相約開女子會、男子會，現在卻有一個人清靜地享受平安夜、聖誕節的趨勢，因為可以任性對自己好的日子也不是那麼多。

一個人的聖誕節可以做什麼呢？許多單身男女會選購比平時更好的紅酒，以及自己想吃而平時捨不得買的餐點，或是為自己做一份像樣的聖誕大餐。像結衣，還為了1人樣的聖誕大餐去上了烹飪教室，圭子則為了提升品嘗聖誕節蛋糕的境界，取得了紅茶的品茶師資格，今年想在家好好為自己泡杯好茶，然後將過程及成果po出來與朋友分享。因為只有一個人，即使享受大餐，都可以趁機精進自己的能力，節日也是給自己最佳的動力，「一切為了聖誕節」、「一切為了新年」，做起來自然會充滿喜氣。

日本人一直都有在聖誕節吃蛋糕的習慣，現在一人用尺寸的高級名師蛋糕種類越來越多，不再只限草莓鮮奶油，宛如寶石般晶瑩剔透又豪華可人，採用比利時皇家巧克力製作的蛋糕更流行，對許多單身貴族而言，聖誕節是吃好蛋糕、品嘗紅酒以及高級雞肉料理的日子，「一人盛宴」的日子，可以不顧體重身材的日子。有人一口氣買了兩盒蛋糕，有人去百貨公司地下名店街買了最想吃的美食，沒有伴侶或交往中的朋友，不需要買禮物，所有預算淨可以花在自己身上。

也有人趁每年的聖誕節把房間重新大改裝，翔太就是如此。他會搭配自己在骨董店發現的飾品，建構一個完美的世界，然後慢慢鑑賞，不想讓一群朋友的喧囂破壞古老美好的時代氣氛，雖然也想炫耀，但僅限網上分享，自覺這樣的龜毛才能帶給自己最高的幸福，不需在意別人的取笑，其實朋友們也跟自己一樣，未必那麼想去別人家裡打擾，不必勉強邀請。

喜歡動漫的男女，聖誕夜就跟心儀的動漫人物，進行所謂的二次元情人約會，也就是在家裡抱著大型動漫娃娃，吃聖誕大餐等，並在網上宣示自己始終一貫的動漫愛。也有人是和偶像的等身高紙板一起過，只要有他（或她）萬事足，並非為了排遣寂寞，而是可以跟最愛的人物單獨相處、共樂樂。

其他，還有趁機去沙龍享受全套按摩或塑身，跟不大認識的按摩師聊天或什麼話也不說，享受都會中的寧靜；一個人去溫泉旅行，選擇等級較好的旅館等；或是去一人卡拉ＯＫ專門店「OneKara」的連鎖店，藉著高級機種設備的房間，一個人唱個過癮，享受擬歌手氣氛也不錯。

而除了美食或肉體的享受之外，第三選擇是去觀賞燈飾，各式各樣令人嘖嘖稱奇的燈飾，像東京原宿表參道原有的燈飾，以及東急廣場六樓屋頂近期以「天空森林」為題，裝飾的一萬六千球燈飾；或是澀谷公園一路到代代木公園的「青色洞窟」、東京車站附近的丸大樓、新丸大樓等廣場，也有來自北歐的大型聖誕樹燈飾，抑或丸之內連續十七年的點燈，歷史傳統感洋溢；規模最大的當屬東京六本木中城，有十九萬球及一百個大型氣球燈飾。單身男女選擇賞燈來過節，可以一邊享受美食等佳節消費，一邊觀察攜手來約會的情侶，推測每組的關係，樂趣無窮。

因為是一個人，享受佳節的方式無限可能，甚至去聽演唱會、演奏會、預約電影院的特別座，上健身房等等。一個人在佳節進行多樣活動，等於一天過了好幾次聖誕節！

一個人好好過年

日本在所有年代都是一人家庭爆增的情況，但即使一個人，反而比多人家庭更想好好過年，讓自己享受節慶的喜氣。畢竟正月是一年裡最重要的節日，因此為了配合時代需要，日本各界也都推出各式一人用的年菜套餐，可以直接訂購，也能自己製作，此外正月也是一人旅最盛的時期，日本是過新曆年，以至於許多日本女人連續三年單槍匹馬到台灣參加各地倒數的過年儀式。旅行是最佳的自我啟發方法，因此極品一人也會趁機跑遠、登高，邂逅平日不容易見到的美景，如正月日出等，許自己一個新的開始。

日本年菜稱為「御節料理」，原本是為了迎接宮廷饗宴及各種節慶準備的料理，但現在則指正月專用料理。因為有迎接歲神一起進餐的意義，原本每道菜都須過火燒煮，或是曬乾、醋醃等，此外也為了可以多存放幾天，讓婦女從家事解脫，因此味道都比較鹹、濃。

年菜因為使用的食材都很豪華，讓人很期待，在現今日本已經變成一種特別的美食。除了固定擺放象徵五穀豐饒及家內安全健康的一些吉祥食物外，也盡量加入各種平時最想吃的山珍海味。畢竟過年及正月比任何節日更有理由犒賞自己，許多人會趁此訂購名店的年菜，各大百貨公司也都有超級豪華的一人迷你尺寸可以選購。

有些單身男女會在大年夜前到上野或築地（現在是豐洲）等市場，採購做年菜的鮮蝦蟹魚貝或好肉好菜，即使只買少量食材也不必擔心，店家反而格外親切招呼一個也想自己製作年菜的人。年菜食譜網路上很多，主要還是捨不捨得花錢在食材上，每買一樣都要小小掙扎一下，不失採購的一大樂趣。

這幾年，日本為獨居人設計了各種過年消費，不僅豪華絕品年夜飯，連塑身、按摩、溫泉等單身投宿的新年旅館酒店套裝商品應有盡有。一個人享受夜景，或在飯店大電視看自己帶來的ＤＶＤ，一邊喝著紅酒，醒來還可以就近去寺社初詣。

１人樣也會在大年夜去寺院聽除夜的一百零八記鐘聲，幫忙除去一百零八個煩惱。原本日本元旦的初詣在年前就可以事先來參拜一次，然後元旦後再一次，參拜多次也無妨。先從家裡附近的寺社或教堂開始，再出遠門進攻特定目的地的寺社，祈求商業繁盛、考試合格、戀愛良緣等。此外，日本除夕夜的跨年音樂會、演唱會非常多，跟同好一起聽音樂，一起狂歡跨年，快樂無比。

也有人趁著過年才有的時間及力氣，把一年來累積的東西斷捨離，將房間重新改造裝潢一番，家具換個位置，自己彷彿也煥然一新，然後參加初二的新年初賣，買點樂趣無窮的福袋回家，或是觀賞初二開始的正月歌舞伎或傳統藝能演劇，體驗已經逐漸淡薄的古典正月氣氛。

當然也有很多人認為，最好的方法是根本不需要在乎過年與否，一年到頭好不容易才有這段時間在家享受「1人樣」，不被工作等打擾，更不要隨人起舞管世間如何過年過節，何況原本就有許多行業跟年節無緣，像醫護人員、服務界等，他們在過年反而更忙亂。因此何不過年期間就如繭般好好休眠，新年開始或許更能像精力充沛的蝶鳥振羽飛翔，即使打電玩也不必有罪惡感，在家大量閱讀書籍或觀賞影片也都ＯＫ，或準備資格考試、出門旅遊……等開春就是新的人生！

一人的時間太重要了

無論日本或世界各國，都對「1人様」充滿歡迎的氣氛，不斷強調一個人什麼事都能做，一個人哪裡都能去，雖然單槍匹馬的男人、女人最酷最美，不過這些或許只是市場考量底下的花樣，一個人要有自己的想法，才不會被資訊的漩渦所吞沒。一個人的時間非常重要，也非常珍貴，單身男女遠比想像中的更會利用只屬於一個人的時間。事實上，不僅單身或獨居者如此，即使有伴侶的人也一樣，需要很多一個人的時間，才能跟不是同溫層的人產生共鳴，只有擁有一個人的時間，才能好好鳥瞰自己的人生。

即使單身，但老跟同樣的朋友、同事、同好在一起，對人群就無法區分「夥伴」、「他人」，也無法對非我族類有同理心、共感。

台灣、日本雖然都仿效美國採取開放式辦公室，但研究結果卻發現，終日被人群包圍，其實生產力會降低，反而是擁有隱私效率更好更高。一個人擁有單獨的時空，也才能讓創造力開花結果，這也是許多創意工作者如藝術家、作家等，都喜歡在個人工作室作業的原因。

有些人覺得一個人很孤獨很寂寞，其實對任何人而言，與別人聯繫很重要，但孤獨同樣重要，甚至更重要。每個人都要有享受孤獨的能力，足夠的獨立性，才能提高自己與他人的幸福度，才不至於陷入欲求不滿或鬱卒的狀態，一個人的時間就在加強這樣的精神力，非常重要，不能隨便混過去。

更重要的是，只有一個人的時間才能好好確認自己到底在忙什麼，才能思考自己到底想要什麼，才能構思自己的目標或短、中期的人生藍圖。雖說現在是連做夢也很困難的時代，但就像再忙也要喝杯咖啡一樣，再難也要擁有自己的時間來想想人生。大部分的人會花很多時間與力氣去規畫旅行等事情，其實也應該稍微設計一下人生，有好好想就會有變化，因為自己一個人才有機會理解自己，否則很容易隨波逐流、喪失自己。有些夢想，即使得花上十年或三十年才能實現也不錯，像我有位朋友過了五十歲才學芭蕾舞，一圓四十年前的夢。

一個人時間是提升自己的時間，也許花錢出走到遠方見識世界很不錯，但不花錢同樣可以做到許多事。像日本正流行花錢「數位絕食」，就是去到無法上網的外島或休閒基地，以便讓自己不再受限於手機等，戒掉對SNS的依賴，也趁機告別無法從SNS裡掙脫出來的自己，稍微重新洗牌一下，恢復自己；但月子說：「我才不會用錢搞數位絕食呢！我就休假期間，把手機跟電腦包起來寄給自己，指定三天或五天後收件！」於是月子發現自己因此多出許多時間，可以讀書、看電影，或隨興搭上電車到郊外小旅行，甚或在家睡覺，然後打起精神換洗被單，以及整理一下衣櫥裡的服飾，拿去二手店或捐贈出去等等，這才發現，一個人生活也會有許多積年累月的生活呆帳。

現代人因為想太多會很不安，或是做太多事有被壓得快壞掉的感覺，也因此一個人時間很珍貴，只要單獨在安靜的空間裡，擺脫電子聲音，好好集中注意在自己的呼吸，做點簡單的冥想，就會讓人心神安寧；心情沮喪時，擁有自己的時間，讓最愛的音樂、電影或小說陪伴自己幾個小時，透過戲劇、文學經歷許多人生，就會知道自己的煩惱多麼微不足道，得到鼓舞。

一個人的時間是自己跟自己對話的時刻，無意識浮現的念頭，會讓自己更了解自己，而理解自己，就會更有自信地走下去。一個人生活難免有時會不安，某些負面情緒湧上心頭，但其實任何人同樣會有這樣的情形，而獨自去感受是很重要的體驗，絕大多數不安將自然消失。只有靠一個人的時間才能找到最適合自己的紓解方式。

許多日本女人會對著鏡子說：「這個女人大概累了，需要去泡個 SPA！」而這個女人不是別人，就是自己。隨時把自己客觀化，然後找到跟自己約會的理由，是排遣不安的一種方式，像出發到不同方向的小站走走，或是比上班多坐一站、少坐一站，然後下車當作城市旅遊，即使每天進出的社區都會發現到新魅力，「哇！原來還有這樣的小店！這樣的公園！」

最近幾年，日本女人還流行去拳擊場打拳擊，認真的上課，認真地打，覺得做些稍微激烈、非一般的運動，不僅可以鍛鍊身體，也會讓頭腦放空，變得輕鬆。同樣為了做些和日常不同的事，也有人在周末參加坐禪寫經，確認有洗滌心靈的效果。

預計日本到了二〇四〇年，會有四成的人都是一人家庭，並且越來越多。任何人都要學習如何過有意義的一人時間，或是去挑戰「初體驗」，選些自己至今沒做過或從沒想過的事來做！例如攀岩、繪畫、陶藝、做蛋糕，或報名參加馬拉松、古道健行等等。任何體驗都可能會為自己帶來改變，而隨時挑戰初體驗，正是擁有一人時間的特權！

一個人也可以……

一個人老後多搞笑活

一人過日子好處多多，但也很容易因為沒有說話對象，陷入無表情狀態，很少笑，以至於讓人錯以為獨居或單身者很難招惹。一生單身的窮人天使特蕾莎修女（Mother Teresa）也強調人應該要笑才好，因此即使對著鏡子練習也好，或者多參加能讓自己笑顏常開的活動。

特蕾莎修女是微笑名人，雖然她在私下的信件上承認，自己臉上的微笑「是個巨大的斗篷，底下藏有眾多痛苦」，那是因為她長期處於底層黑暗的這一邊，但她總說：「要多笑，即使不想笑也要笑，因為人類需要笑容！」

我原本也覺得強顏歡笑會累積更多壓力，沒有必要，但笑容有感染力，會生出新笑容來。許多人不太愛笑，或許因為成長環境嚴肅艱辛，或許承擔的責任重人，因此總是板著臉。像五十幾歲的單身光司就是如此，因為很早就當了主管，後來還成為副社長，幾乎沒看過他笑，直到有次開刀住院，發現護士甜美的笑容讓當時在病痛及手術風險中掙扎的自己有如獲救，方才察覺笑容的重要，也深感過去太虧欠周邊的人了，決定往後要變成有笑容的人。出院後，他每天拿個小鏡子，隨時練習笑，不再終日哭喪著臉。

像光司一樣忘記笑的人不少，所以日本這幾年很流行「笑活」，甚至有搞笑藝人成立了笑活協會或笑學會，提倡個人搞笑以促進溝通而豐富人性，活用於生意商談以及教育、日常生活等。最主要是笑可以帶來元氣，因此獨居一人如果擔心老後，除了多交朋友搞「友活」外，還要多搞笑活。

日本各種個人活動多得不勝枚舉，如婚活、妊（懷孕）活、朝（多活用早晨學習等）活、溫（提高體溫）活、終（為了人生終點的生前整理）活等等，甚至也有淚活，也就是好好放聲痛哭一場，然後身心覺得爽快，自然有活力湧出，但比起淚活，當然笑活最好。笑，可以讓 natural killer cell 的 N K 細胞發揮作用，那是入侵人體癌細胞的天然殺手。人類的細胞有六十兆個，每天不斷分裂，總是有點差錯，尤其年紀越大，分裂差錯變多，NK細胞作用變弱，更需要多笑，多笑就可以減少這些風險，提高免疫力，相反的，不笑免疫力就會變低。笑的健康效用，可是經醫學證明的。

此外，笑還有瘦身效果，捧腹大笑一次可以消耗四十卡洛里，好處多多。但是不能只期待別人帶給自己笑聲，最好自己也能先開始笑，然後一群朋友一起健康地笑，開朗健康地生活，對獨居者超級重要。

日本的NPO「計畫AH」開發了「AH meter(アッハ　メーター)」，也就是可以測定自己笑的數量的APP，等於是笑的萬步計，可以知道自己的「收笑率」，把自己笑的狀況數值化，以便更加意識到笑的重要，等同健康管理的一環，看喜劇時，也可以用來測量可笑度多少。

笑很重要，但要如何進行笑活呢？獨居男女可以藉著觀看搞笑、喜劇DVD、網路上匯集世界各地好笑影片的「CuRazy」，或許多精選搞笑影片等等來增加自己的笑容，不過還是以現場看搞笑藝人表演，效果為佳；而效果第一的還是跟好友聚會大笑，尤其是同性在一起毫無顧忌的女子會、男子會，大家盡情分享糗事，或不傷害別人地互相取笑等。

日本現在還有專業的搞笑講座，讓人學習如何搞笑，也有地方鄉鎮會舉辦跟笑活聯合的活動，如有長壽縣之稱的長野縣安曇野農家，就曾辦過「見觸食笑活田」，讓訪客一起參加農作、一起收成、一起享用、一起歡笑。笑活，自己一個人搞不錯，它是獨居者不怕老後的重要武器，現在就開始入手吧！

一個人的興趣可以無限多

一個人，最大好處就是擁有不被打擾的時間、空間，以及花錢、思想的自由，可以選擇的興趣無限多，且可以盡情樂在其中，不必擔心有人囉嗦。因此，日本有許多針對一個人興趣的提案，也有專設的網站、網頁，有的網站甚至多達四百零九個建議，且還在增加中，可以說是無限可能性。

有適合自己的興趣很重要，可以豐富人生甚至改變人生，沒什麼興趣或特別嗜好的人，最好嘗試一下，單身族群更是如此，尤其獨居單身更應該放手體驗，必定能找到自己最愛的活動或喜好的事物，且還能馬上開始行動，是已婚的人難以享受的自由。

已婚者的時間、空間乃至可以花的錢等都有限，能選擇的興趣自然也有限。像我有位台灣朋友和一位名人結了婚，但丈夫非常霸道，舉凡金錢乃至家裡的空間都嚴格管控，雖然她也在上班，收入卻由丈夫分配，她非常想學古箏，丈夫不以為然，即使讓她去學，也不准她買古箏、樂譜等，她只好偷偷儲蓄買了古箏，藏在好友家，有時間時才去練習，就這樣兩、三年，實在很悲慘，有天就在好友家突然不斷流淚，回到家更鼓起勇氣提出離婚了。對不尊重自己興趣的丈夫，她感受不到愛情。

或許是丈夫不理解興趣對她的重要，箝制興趣等同箝制她人生的象徵，讓她放棄至今跟丈夫的關係及生活，也是興趣讓她發現了與丈夫的嚴重不協調，且有力量挑戰新人生。興趣的力量不容小覷。

除了傳統的讀書、看電影、打電玩、聽音樂等之外，一個人可以嘗試的興趣還有成千上百個選擇，甚至許多興趣因為一個人的專心投入，發展出不同領域或層次的成就，從業餘變成專業，或是對於自己跳槽等非常有利。

日本最常見的興趣是取得各種資格或鑑定，有些資格儘管看似無用，但在某些業界卻可以有許多發揮，無心插柳也會有好結果。喜歡品嘗及調製飲料的由利子就是如此，她原本在一家綜合商社上班，負責單純的事務性工作，她利用空檔持續學習了各種有關咖啡、紅茶、葡萄酒乃至蔬果等鑑定，且取得各種資格認定，還不時貢獻成績與同事一起享受，因此公司許多內部聯誼活動都少不了她，後來公司併購了連鎖餐廳事業，立刻找她當開發部門主管，也幸好有這樣的調動，否則她原本的部門因逐漸被自動化及ＡＩ取代了工作，許多同事後來都遭到裁員了，反而她得以幸免還升官，並且做她最愛的事，因為專精於興趣，找到自己的天職。

日本人喜歡取得各種資格，或是各種檢定，除了一般所知的各國語言、手語、醫療事務、社會保險勞務士、財務計畫師、宅地建物交易士等，也有許多看似純屬興趣的怪檢定，至少讓人獲得壓倒性的自我滿足。我其實就很想嘗試如箸（筷子）檢定、道之驛檢定（國道、縣道等半公營的休息站，兼營農民市場，出售當地特產及餐飲，非常有人氣，現在日本約一千兩百個，每處特色都

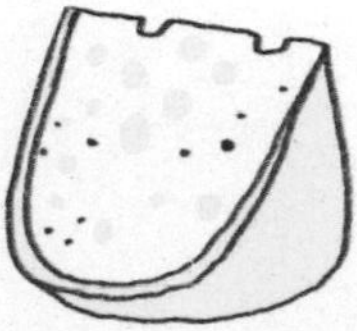

不同）、ＢＢＱ（燒烤）檢定、城廓檢定、日本魚類檢定、起司檢定、瘦身大師檢定、自然（野外）遊戲檢定、毛巾品定師檢定、江戶文化檢定、太宰治（文豪）檢定等等，真是數也數不清，取得檢定過程中，還可以邂逅同好的人。

一個人還可以嘗試投入看手相、甜點裝飾、昆蟲飼育、盆景栽培等學習，也可以自由出門做各式各樣的巡禮，如水族館或動物園巡禮、寺院巡禮、離島巡禮、廢墟巡禮、秘境巡禮、蒸氣火車巡禮、拉麵巡禮、酒吧或酒莊巡禮、煙火觀賞巡禮、能量景點巡禮等等，尤其是需要花費時間的興趣如海釣，都非常適合一個人，才不至於發生回家後被離婚的狀況。

興趣也可以自己發明。日本有位中年女性和田靜香，平日靠寫作和各種打工生活，相當辛苦，興趣則是到處貼「選舉貼紙」，呼籲世人投票、爭取自己的權利，但個人並沒有黨派色彩。她還開了一個名為「選舉貼紙」的推特@senkyosticker，獲得許多人響應，也有著名的插畫家開始幫她畫貼紙的模樣。她的感想是，雖然一個人，但做點什麼行動也可能稍稍改變世界，日本投票率實在太低了，特別是年輕人，如果去投票或許就能改變日本。二〇一三年開始，雖然只是當興趣來做，卻因為獲得回響，越來越無法停手，活動規模也越來越大，選舉貼紙內容最後完全成了藝術集錦，令人讚嘆不已，很多人更因此感動得去投票了。她的興趣或許真可以幫她達成夢想。

一個人，生病怎麼辦？

單身獨居朋友說：「我自由自在，天天開心，但就像大家說的，生病、老後怎麼辦？老了沒力氣，孤零零一個人很可怕，當下生病，只有一個人也會覺得淒涼！」的確，這是個問題，但卻不是只有單身獨居才有問題，與伴侶或家屬同居，拖累眾人，也未必好受。

最近日本人的觀念有些改變，不再怕孤獨死了，因為孤獨死是理所當然的，天下沒有不孤獨的死，即使在幾十位兒孫包圍下闔眼，實際上和一個人孤零零死去沒有太多差別，因為不管朋友或家人，終究無法陪自己走一程，孤獨的本質沒兩樣，人到最後都是一個人。

比起孤獨死，許多人更擔心自己無法自力自理或生病時怎麼辦？夫妻即使感情不好，也還倚靠、依賴。沒有真的分手，關係總是一個安全網，因此單身者若擔心，就要培養一些好友，友情就是最佳、最重要的安全網，誰都需要擬似兄弟姐妹的朋友，不僅可以相互傾訴，有必要時，還能互相關懷、探望、援助。

單身獨居有不同居的伴侶也不錯，沒有伴侶，哥們、閨密等好友則很重要，這些好友也不必強求一輩子的，而是每個時期有每個時期的好友，像○○是我學生時代的好友，○○是我在○○公司時代的同事兼好友等。

現在也常有人因為同好而透過網路成為好友，像有三位各差一歲的未婚女，都是人氣組合「嵐」的粉絲，就經ＳＮＳ成為好友，即使居住不同城市，每周固定一起聚餐、旅行，彼此比親姐妹還親，三人打算繼續下去，若換工作成功，還會一起合買房子同居到老！她們想，即使「嵐」解散，她們應該也不會解散吧！但人生很難說，沒有誰非結婚不可，也沒有誰打算一生孤家寡人，說不定幾年後三人變成兩人，甚至回到各自一人，不過到時候或許人生又出現別的朋友了。

獨居一人需要的好友，是不計利害關係，願意為對方付出，才能成為彼此的安全網。平時覺得不錯的人，要與對方積極建立友情，讓對方覺得「跟你在一起很開心，連吃飯都很想找你一起」，生病時也會想照顧兩下，或陪你去醫院，不會任醫院擺布；或到家裡幫你冷敷退燒，或煮容易下嚥的稀飯等。

不過，這樣的友情、陪伴和夫妻關係一樣，需要相當的力氣來維持，有人因此嫌麻煩，認為生病也要自理才行，何況速食粥品多，不依賴他人，同樣能照顧自己，有手機就可以就醫求治，平時注意健康以及良醫資訊，或確保可諮詢的對象；至少與一些人保持日常寒暄的關係，以便自己幾天沒出現，還會有人問起。日本有許多單身女性成立的關懷網絡，讓落單的人可以有個互相依偎的據點。

當然，最重要的還是自己要健康，不依賴人，獨立自主不依賴醫療或照護的「健康壽命」，是日本所有人的目標。並非單身者生病很慘，是任何人生病都慘，還會拖垮家人，獨居者對此往往更有警覺，越加小心維護健康，而開心歡笑勝過一切良藥。極品一人要任性而無顧忌地享受歡樂，就得比自認有伴侶者更健康、活得更美麗瀟灑！

一人老後的友活很重要

許多獨居一人最怕眼下活得自由自在、快樂無比，但老後一個人且變得孱弱，尤其孤獨死報導充斥，更讓人心驚膽戰。孤獨死本身沒什麼好怕，不論已婚未婚，最終人都是一個人，即使有伴侶，到頭來還是一個人。不過同樣一個人，有的過得很享受，有的人卻過得很孤單，這之間的差別在哪裡？最重要的就是交友活動的「友活」。

曾經到過台灣的文豪島崎藤村說：「老後要有三、四個朋友！」這是很真確的話，無需交遊滿天下，年紀越大反而越要斷捨離一下虛禮人情，否則太多紅白包負擔會拖垮經濟，只需要三、四人，十人以內就好，可以小小的呼朋引伴，即使有人聚會、出遊時突然不適或有事缺席，至少還有兩、三人。老後就跟搭上東方快車一樣，即使發生凶殺案，還是得繼續奔馳下去，這是另一種人生的開始，不是遺憾，也不必愧疚。

一個人生活是至高無上的自由，門鎖一卡上，誰也管不著裡面什麼模樣，洗完澡，一條毛巾就夠了，先喝杯啤酒或冰水再說，沒有比這更寫意的了。這樣獨居了五十幾年的隆子，沒有結過婚，從來沒有任何悔意，不過最近覺得生活圈裡還是要有能託付居家鑰匙的朋友才好，因為曾經有次發燒到四十度，爬不起來，想去附近便利商店買瓶運動飲料都沒辦法，但為這樣的事又難以叫遠方的親友前來。

因此，「友活」不僅僅是交友而已，最好大家互相搬到附近居住，甚至也有許多獨居的好友花了幾年工夫，一起住到同幢公寓裡，或一起分享同個院落裡不同房間，這樣一來，一方面減少日常生活的一些負擔，又可各自過自在的獨居生活。日文說的「湯菜不會冷掉的距離」，最適合老後的彼此呼應。

友活可以從同樣嗜好、興趣的地方開始，最好是同一社區，出入同一寵物

café，或陶藝教室、攝影教室、料理教室等，或是常常在家附近散步，好好打聲招呼，這樣有點小事就能互相拜託，就像有些小店偶爾掛出「外出中，客人有事請聯絡〇〇〇」，有誰好久不見，多少會問候狀況，但互相尊重對方的獨居，不搞到貼身擾人程度。

在日本，許多獨居者首先會加入社區活動，如義賣會、傳統祭典、社區菜園等，透過活動就能結識附近值得交往的人；或去區公所搜尋社區的學習資源，像免費的英語、氣功、瑜伽、書法、園藝等教室，算是一石二鳥，既可學習新事物，又可交到志同道合的朋友。

此外，敵人的敵人未必是朋友，但朋友的朋友一定是朋友，因為物以類聚，有時朋友的朋友更適合當自己的朋友。不過第一次一定要好好打招呼，邀介紹認識的朋友一起來，才不至於發生「橫刀奪愛」的誤會，而即使自己的朋友跟另外一位朋友變得要好，也要有度量地表示：「真好，你們兩人都愛騎單車，又住得近，要好好互相關照呦！」

當然，也可以透過網路世界如SNS來友活，例如各自準備小菜紅酒，以視訊開女子會、男子會，不過總不如面對面來得過癮，且比較容易產生連帶感。其次，不論虛擬或現實友活，時間最好固定，養成一種固定問候、傾訴的習慣，也是老後重要的網絡。

友活的最大要訣是嘴巴甜一點，才不會討人厭，年輕時批判性強的烏鴉嘴沒關係，有了人生閱歷，就要討人喜歡才好，打招呼時不妨無傷大雅的多一句：「你的山茶花今年開得很茂密、很美！」「你的貓咪好像還在長大呢！很有元氣！跟你一樣！」等等，互相鼓勵一番。

常常遇見一些看起來不錯的人，記住他們的名字或對方寵物的名字很重要，像我雖然不擅長記臉、記名字，就不斷努力，拿到名片或聽說名字後，當天說話時便不斷提到對方名字，自然記住了。說話不要老用「你」「他」之類的代名詞，也是防止老化的重要手段。

友活還包括維持朋友關係到最後，要訣是不要過度忠告對方，即使對對方人生或健康等有重大影響的事，也要委婉說明。不是朋友就非得聽你說話才行，太強勢的人反而會推開所有人；另外，不要道聽塗說，以散播八卦紓解自己的鬱悶，否則就可能失去一人老後最需要的朋友！

單身不表示不想有伴

單身男女難免會被問到或私下被談論到：「○○看起來不錯，為什麼不結婚？是不是典型不依賴也不想被依賴的冷男冷女？還是原本就不需要感情的石男石女？」更多單身男女被認為是同性戀者，事實上同志更想婚，只是日本法律目前還不承認而已。

月子說：「我可是很努力在找伴侶，雖然不一定要有婚姻關係，不一定要住一起，沒有誰能滿足於只為自己活！世人太不了解了，單身的人怎麼會是自私自利？任誰都想對別人有所助益，幫別人做點什麼，或讓別人幫自己做點什麼，單身的人並非只顧著自己！」

單身雖然自在，跟朋友出去旅行或吃喝玩樂雖然很開心，但對任何人而言，這都是非日常的活動，人總是需要安定的日常，也才能安身立命，讓人身心安定的伴侶也是，但要找到好的伴侶並不容易。

月子說，長年以來，她一直很認真地找伴侶。的確，在我看來，她並不是騎驢找馬，而是走路在找馬，連驢也找，腳皮都磨破了，但適婚年齡時，人總會在愛情上有些迷惘，也想好好活用屬於一個人的時間做點想做的事，想投入工作拚拚看，或出遠門旅行、遊學等，但並沒有因此放棄尋找可以稍微借一下肩膀的伴侶，只是越來越不容易了。

女人自己會賺錢，沒男人養也OK，女人若沒有覺得「想跟這人過一輩子」，不需要勉強自己。另一方面，東方社會如日本或台灣，多少還是認為既然結婚，男人應該撐起家庭責任，只是現今許多男人賺錢不容易，連約會的咖啡、賓館都要女人一起分攤費用，更不會想為女人或子女扛起沉重的負擔，以至於女人如果不出示自己的存摺，很多男人還真沒勇氣結婚。

繭子說：「那就像是自己標價等男人買！但太有自信的男人又往往不夠尊

重女人！要找到伴侶真難，但我沒有死心呀！有人可以互相依偎一下也不錯！但眼看整個社會越來越單身化，我也不必過度為了要有伴侶而找伴侶，勉強自己跟誰在一起了！」

悠太朗則覺得擁有過度深入的關係非常麻煩。認識他的人都知道他是個超溫柔的熱情男，但很怕為戀愛而受傷。現代人信賴關係差，動輒會把對方當作死纏爛打的跟蹤狂，也因此悠太朗雖然還在找伴，但每每淺嘗即止，擔心失敗，「不想太丟人現眼」。他需要運氣才能遇到讓他丟臉也想在一起的伴侶，或不需要丟臉也能在一起的伴侶吧！

也有人運氣不錯，像是十五年前出版《敗犬的遠吠》質疑女人的價值難道只有結婚生子而引起矚目的酒井順子，二〇一九年五十三歲，她在四十大關前就找到伴侶，同居卻不結婚，認為如此才能維持不過度期待與依賴的關係。日本歷經像三一一這種大災難，在失去至親時，或許讓人感覺伴侶的珍貴，但畢竟還是要回歸獨居、一個人的狀態，因為總有一方會先逝去，因此，不論尋伴或有伴，都還是要有單身的準備。懂得如何享受單身是單身社會的基本能力，極品一人就是最佳範例！

多談戀愛，結婚也不錯

單身朋友雖然相當享受一人生活，也不在乎周邊父母親友的壓力，但是否當真想過：「難道我就這樣過了一生嗎？真會一直都一個人嗎？」其實人未必要結婚，有機會就多戀愛，甚至多做愛，遇到對的人自然會想結婚，沒有想結婚的對象也未必要結婚，不論幾歲，心都要是活著的才好！

去年（二〇一八）剛去世的女星樹木希林留下一句名言：「結婚這檔事，不趁年輕不行，因為懂事後，就結不下去了！」的確，結婚對許多人而言，就是盲目的行為。

婚姻是沒有標籤的罐頭，不打開不知道內容，或許中了大獎，或許是不堪一聞的臭魚罐頭，也因此月子跟繭子除了工作外，對結婚很不積極。繭子總

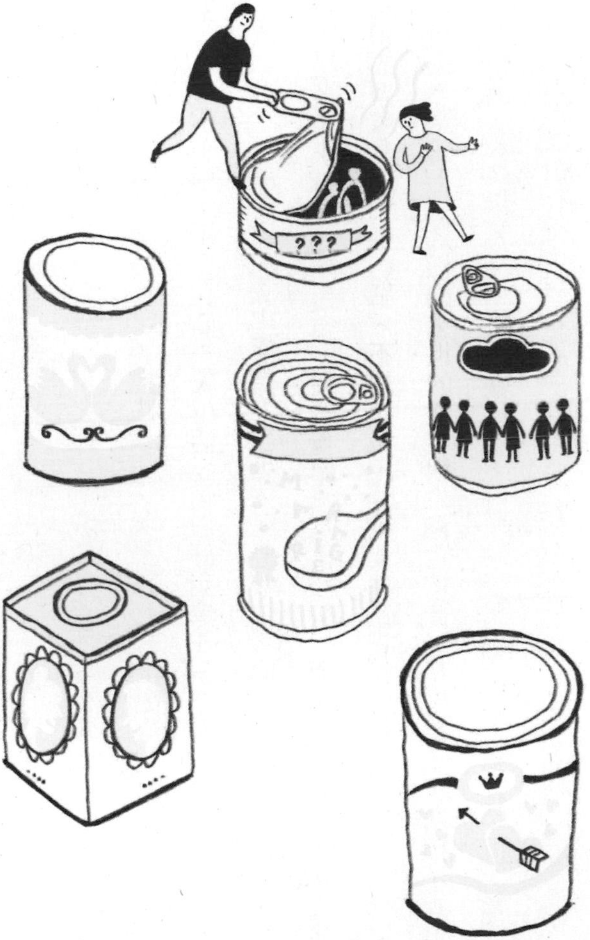

說：「遇到想生他孩子的男人再說啦！日本對單親媽媽很不利，想生孩子，還是得結婚啦！」

藹子多少是不婚主義者，但她說：「我原本就不是什麼有意志的人，不會堅守什麼原則的，緣分來了，擋也沒用，人無法控制自己的心呀！」月子則常聲明：「我不是不婚主義者！隨時都在留意好對象！只是有時有點懶洋洋，一不留意的話，連自己或人生都會鬆垮下去！」

男女原本就是一種組合關係，每對男女都不同，不必跟別人比，像樹木希林跟搖滾歌手內田裕也雖然結婚了，但半世紀以來都是分居狀態，因此希林覺得自己一直是一個人活過來的。她之所以願意如此，是因為尊重內田不凡的性格與行為，長久以來總拿內田當作人生的重石（做泡菜時壓住菜物等的石頭）。所以，婚姻伴侶有時也只是象徵意義，已婚者即使未喪偶，也常常還是一個人。

但也有些單身的人不死心，不堅持永遠一個人，像悠太朗說的：「有人的單身DNA深入骨髓，但我不是，大概只在肌膚表層飄浮而已！」雖然悠太朗覺得單身也不錯，但絕不排斥任何可能機會，自己保持開放狀態，沒有預設任何條件，因為一旦預設條件，即使理想的女人在面前，也會因此沒認出來。

月子認為不論幾歲都是適婚年齡，不必過度焦急，因為人一懂事後，就不大願意遷就別人，結婚不容易，但隨著年紀更有包容力，也會變得更容易。

也有過了所謂適婚期的單身男女，不在乎與已婚情人是否結合，長年維持著不為人知的關係。四十幾歲的音禾就是如此，隔幾年才和現在住在海外的昔日已婚上司去旅行一次，音禾母親也知道，但她說：「妳覺得好就好，沒有傷害人的話，就不必多想！不必期待，但也不要放棄機會！」母親是基於女兒的人生為優先考量。

其實不僅音禾的母親，日本著名作家、主持人阿川佐和子去年（二〇一八）結婚了，三十五年前她邂逅了當時是大學名教授的男人，等對方離婚等了二十幾年，等到男人退休，等到她都六十三歲、男人年近七十，時間長到幾乎被忘了是「掠奪婚」。她的父親是保守大本營的評論家阿川弘之，二〇一五年逝世前，大概聽說了女兒為不倫而永遠待婚的狀態，一反從不過問她感情的作風，居然問：「妳有男人吧！覺得幸福嗎？」女兒點了點頭，弘之接著說：「那就好了！」現在佐和子結婚了，男人變成退休專業主夫在家曬衣服，她是否還有同樣的幸福感，不得而知，但連超保守的阿川弘之都以女兒的感受為優先了，世間的看法又如何！

只想要離婚勳章

最近日本有些四十歲的單身女郎挺身主張：「我好希望早點變成離婚女！」這是什麼話！還沒結婚，卻想離婚，完全不懂，但同樣過了四十歲的月子與繭子卻都表示認同：「我也這麼想呀！我想要有婚姻履歷，想要成為×1的女人！」

日本的戶籍資料上，舉凡離過婚的人都會打上叉「×」號，離婚一次稱為「×1（叉1）」，離婚兩次稱為「×2（叉2）」，從來沒結過婚的人，自然無法變成×1了。

提出主張的單身女看起來條件都不錯，相當具社會性，即使有交往對象也不足為奇，但為什麼這麼想呢？實在太不可思議了！日本至今在許多事物的價值觀都是新的比中古值錢，也因此企業即使得花很多力氣栽培，仍堅持招募應屆畢業、沒經驗的新人，為什麼未婚的人卻想要一個×呢？

月子跟繭子的理由都一樣，若是離婚女，就不會有人一天到晚要來安排相親，至少不會老被問：「妳怎麼還沒結婚呢？」「為什麼還沒找到對象呢？」隨著歲月增長，甚至會越來越被當作問題人物看待，連工作上的小失誤，也會被編派是：「你沒結過婚，難怪你不了解！」

因為未婚而被看扁的時候很多，因此月子說：「從我們這些未婚的居然希望被打叉來看，就知道世間現今有多虧待未婚的人了！明明我們不論工作或個人消費等方面，常常比有家庭的人更拚命、更有貢獻！卻還被當成有毛病的存貨，實在太沒道理了！」

的確，拚命三郎、拚命三娘往往都是未婚者，許多精打細算的老闆，因此喜歡雇用無後顧之憂的未婚者，但當社會評價個人時，卻是老拿有沒有結婚甚至有沒有結過婚來衡量，繭子說：「這不是太矛盾了嗎？」

月子說：「從我二十二歲入社會，就一直被問『還不結婚嗎』，但我始終很順利地做自己想做的事，開心地活過來，實在不需要這些不必要的關心！」

也因此許多未婚男女甚至認為，如果可以找到人以離婚為前提而去登記結婚，然後馬上離婚，讓自己有離婚履歷的話，那就可以堂堂地說：「我已經體驗過了！對結婚不存幻想！再也不想有第二次慘痛的經驗！」也就是如果沒有額外的麻煩，假結婚也甘願，可見未婚單身的困境。

月子表示，未婚女尤其慘，常會遭到言行上或多或少的性騷擾，換成離婚女，歐吉桑比較不敢隨便開玩笑，喝了酒也不敢毛手毛腳。當然也有些未婚男，即使工作能力再強，卻因為沒結婚被當作還沒成熟的所謂「半人前」，有些女上司也會吃未婚男豆腐，甚至故意要他們陪著出差等。

單身未婚雖然個人過得很好，但周邊親朋很囉嗦，為此日本女作家中村兔乾脆與同性戀男人結婚，一來幫這位香港丈夫解決當時有點困難的居留資格，二來也對彼此家庭有個交代，但主要還是因為社會對未婚者缺乏該有的肯定與尊重，只好偽裝結婚。

像月子或繭子都覺得，如果有非常愛的人，像彼此需要的空氣般存在，但又不會干涉對方，那由極品一人變成兩人也不錯，只是至今的經驗都是原本的極品生活會遭破壞，稍微有點事或加班，就被追問：「妳在哪裡？都在幹嘛？」讓人感覺被束縛，連同居都很麻煩，更不要說是結婚了。月子跟繭子都認為，自己經濟獨立，也沒債務，能用自己的錢買自己喜愛的東西，偶爾去海外旅行，至今對人生毫無後悔，雖然並非不想結婚，有時也會很努力找對象，但想到要負擔更大的風險，多少還是會躊躇。若不是周邊的人一再囉嗦催促結婚，她們不會想要一個叉，也不會有搞假結婚的念頭。

至於未婚男，想要一個叉的理由更多，眼下的結婚市場，×1的男人比完全單身的男人行情更好，再婚率也很高，因為一般認為他們比未婚男更成熟，性格大概比較健全。未婚男在婚友社或聯誼活動上，最大的對手居然是×1的男人，難怪悠太朗會沮喪地說：「也給我一個×吧！」

有所覺悟的「婚活」脫單

一個人生活沒有絲毫缺憾，許多人一路單身過來，愜意無比，但最近也有些男女近五十歲了，突然首次有了疑惑：「我的人生，一次婚都沒結，真的可以嗎？」百歲人生，即使五十歲，也不過才走到一半，開始為自己是否終生一個人而遲疑，也是很自然的事。

四十八歲的彌子至今忙著工作、充實自己，也追求自己的興趣，就算繼續單身獨居也很快活，但即使知道婚姻市場的行情對自己相當不利，她就是突然覺得不死心，她說：「反正離婚男人也很多，或許也還有機會！」她的說法沒錯，再婚男性的結婚率現在不斷升高，的確是很好的選擇。

相較起來，許多五十前後的男人就不如女人來得覺悟，還是想找年紀小很多的正妹，只是這種狀況下，也需要有足以凌駕年輕這個要素的魅力或條件，大部分中年單身男人卻未必具有。

許多日本婚姻社會學家指出，如果單身中年男人也會考慮以再婚女性為對象的話，或許同樣有相當多機會，因為理解結婚現實的再婚女性，不會只考慮年齡或表面條件來選擇對象，比較有度量，包容力較強，偏偏中年單身男人大都想不開。

單身男女只要自己想結婚，不論幾歲都可以嘗試結婚的可能性，過一個自己覺得無悔的人生。沒做過的事想試著去做，正是成為極品一人的要件，因此也能從事婚活，讓自己朝向結婚之路邁進。

二〇〇八年日本社會學者山田昌弘及白河桃子出版了《「婚活」時代》，經過十年多，如今日本又進入空前的婚活熱潮，不僅意識到生產大限的三、四十歲女人，連二十幾歲的年輕女人也很積極出席婚友社等舉辦的婚活。隨著手機的婚活 APP 誕生，原本覺得配對不容易的男女也都有機會結合，形成日本最近ＳＮＳ情侶、夫妻大增，以至於許多已經宣言不婚主義的中年男女，也跟彌子一樣不死心，還是等待著良緣。

我認識的單身男女中，有人十幾年來都依照占卜師指示尋覓良緣，無關迷信的問題，而是他們不論幾歲，依然把結婚當作一個夢物語對待，尤其女人，「都已經單身獨居到現在了，如果不是值得的白馬王子的話，為什麼要結婚」。許多職場上不讓鬚眉的女強人，一提到結婚，就突然變成等待白馬王子的小女人，在婚活上也是完全被動，還維持著昭和時代的古風，坐等男人告白，而且還是宛如電影戲劇男主角般的男人，但自身的外表內在卻毫無讓好男人會選擇的琢磨，這樣的婚活其實非現實。

此外，有些中年單身男女並沒有真正覺悟，結婚是別人會進入自己的生活、跟別人一起邁進新的人生，自己至今自由自在的生活不可能不改變，如果無法接受這些，搞了半天婚活，還是會無法下決心。單身男女即使年近五十，也未必理解戀愛與結婚的不同，也無法理解「為什麼自己的生活必須改變」，尤其是至今還住在原生家庭的中年男女，不管他們幾歲，父母依然一直寶貝他們，欠缺結婚的現實感。

中年單身男女缺乏婚姻的現實感，相對的，曾經結婚、離婚的男女比較理解結婚跟戀愛是兩回事，因此想要再婚的話，其實是很好的對象。單身中年男女如果也把再婚者列入考慮，或許更可能達成心願，且會有比較成熟的婚姻生活，如果一味等著白馬王子、白雪公主出現，或只夢想多金帥哥、年輕正妹，那就非常困難，還會被周遭認為是「因為單身太久，精神年齡很低」，加深對單身者的偏見。

許多單身男女雖說著沒什麼要求，事實上內心卻設了很多條件，要在現實世界找人來嵌進他們的理想，當然不可能。也有中年單身男女會說：「你要介紹對象，就介紹些普通人吧！不要總介紹一些有瑕疵的！」但是，單單認為天下有「普通人」存在，就是個誤解，不論已婚、未婚，每個人都有自己的個性，初次見面或許覺得不少缺點，一旦有了感情，則這些都可能變成優點，何況自己在別人眼裡也絕對不是普通人。因此，不論幾歲，想要找伴侶、搞婚活，千萬別太理想化，不要把對方當作婚姻市場上的剩貨，每個人都有至今單身的理由，就跟自己一樣。

享受婚活是特權

因為熱愛工作或興趣，到了四十幾歲，未婚且長年一人獨居的男女，覺得非常逍遙自在，覺得跟別人一起生活很麻煩，戀愛方面曾有過苦澀的經驗，也自認不擅長談情說愛，但突然有天發現自己還沒結婚，於是開始努力搞婚活。不過，不論男女要從婚活尋找幸福，或許需要一些心理準備，否則每次都覺得對方是「殘念的人」或自己變成「殘念的人」，最後以「殘念的婚活」收場，發現還是一個人最好。不過，這是因為幸福本質靠市場機制來衡量，本身就是很殘念的事，因此一開始得調整心態才行。

月子偶爾也參加婚活，她總說：「就當作尋求新的可能，未必一定要結婚，即使是能一起喝茶的異性朋友也不錯！」月子喜歡獨居，如果找到能讓自己願意放棄獨居的對象，也不排斥有伴侶，何況說不定對方想結婚，卻也不想放棄獨居：「人生緣分很難說！」

但是大家都覺得像月子這麼消極的話，大概很難找到對象，因為搞婚活的男女大都很拚，一消極就不會太認真，也無法與他人競爭，搶不過人家。但這何嘗不是因為月子還沒遇到真正讓她想積極的對象，如果有，她會「當仁不讓」。依她好強的性格，也可能是在自己獨居生活之間做了衡量，覺得還是一個人最好，才無法和許多女人一樣積極。

日本關於婚活的教戰守則非常多，像是盡量透過LINE等通訊軟體多多理解對方、每天固定時間與對方聯繫、相約在車站附近然後一起行動、工作完畢後盡量約會、每次都穿扮整潔、盡量稱讚對方、性格不錯的話就不要太在乎外表或其他條件等等，大部分也都是做人的基本道理，不是做不到，就是要遷就對方，至於是否積極，端賴對方或自己當下的心境。

月子也不是特別挑剔，她也在婚活時，經介紹認識了非常投緣的對象，對方條件太好了，但雖然沒有明說，卻似乎希望月子不要工作，月子從來無法想像自己不工作的樣子，她知道或許結婚對象並非要求她辭職，但也無法支持，這麼一來還是很難成為伴侶，於是兩人交往一陣子後終究分手了。

月子說：「婚活跟約會一樣，需要多練習！也是一種人生的學習！」不過，婚活裡許多讓人覺得殘念的人，除了過度任性的媽寶男女外，其實很多就是像月子這樣的人。婚活裡殘念的人，主要就是欠缺主體性與積極性的人，結婚目的不明確、是否真要結婚也不知、用扣分思考來看人，無形中就會提高門檻而不自覺。

月子算是成熟的女人，她不會過於要求對方，也意識到自己不夠積極，因此每次都會很尊重婚活的對象。許多人認為婚活對象問題很多，甚至說「有問題的才留下來搞婚活」，但這是不對的，每個人原本就都是「問題兒」、「問題大人」，每個人都很怪，重點在於合與不合，要有滋味不錯的婚活並不容易。

很多人在婚活中遭遇過挫折，像是面對與自己年紀懸殊的年輕男人或年輕女人，覺得自己體力跟不上，吃盡苦頭；遇到昔日情人，不要特別看待，否則會對自己失望；或離過婚的人雖然不錯，但還是要小心那些離婚三次的男女等等經驗，有時候還是值得聽聽。

月子認為，一旦要參加婚活，就不要在乎自己被拿秤子來衡量，不過這些年下來，她覺得越來越多男人的想法跟她一樣，就是在找伴，未必以結婚為最終目標，什麼時候開始婚活也都ＯＫ。

月子的經驗是，過去只有二、三十歲的人搞婚活，現在四、五十歲的人加入的也很多，因此不必害羞、怯懦，也不必故作積極，真覺得對方不錯，自然會想了解對方的一切，如果對對方沒好奇心，任何形式下都不可能成為伴侶！這樣想的話，或許每次婚活就會愉快多了，別忘了享受婚活也是極品一人的特權。

不寂寞，但也會喊出寂寞

現在的日本可說是空前尊重「1人樣」的時代。月子說：「真的難以相信，所到之處都看得到『歡迎1人樣』，甚至給予單獨上門的客人許多優待。『1人樣』越來越有公民權了！」

日本的「1人樣」雖然是已故作家的岩下久美子於二〇〇一年提倡，卻經過了二十年才揚眉吐氣。當時，大抵「1人樣」都還是指二十幾歲的年輕人，但現今各個年齡層的一人家庭大為增加，預估到了二〇二二年，一人家庭將超過傳統的小家庭（夫妻與兩個孩子），或其他兩人家庭、三人家庭。

日本的一人家庭數目，根據日本政府二〇一四年的「日本世代未來推計」顯示，二〇一〇年是一千六百七十八萬五千戶，二〇一五年是一千七百六十三萬七千戶，二〇二〇年會是一千八百二十七萬戶，到了二〇二五年是一千八百六十四萬八千戶，二〇三〇年則將達一千八百七十一萬八千戶。

日本一人家庭增加速度如此之快，除了未婚者及離婚者大增之外，也因為不與子女同住的人越來越多，到了二〇二〇年還會大爆增，則是戰後（一九四七年）所謂「團塊世代（嬰兒潮誕生）」將出現大量的七十五歲高齡且喪夫的獨居女人，因此二〇二二年會成為日本「一人家庭元年」，整個社會四處看得到一人家庭，而且就在不遠的未來，日本社會越來越重視「1人樣」不是沒道理。

日本現在幾乎每天都會有關於1人樣的趨勢報導，尤其「女人1人樣」。「女人1人樣鐵道旅」、「女人1人樣飲酒樂」、「女人1人樣海外旅行」、「女人1人樣京都散策」等等，都是過去很難想像的。

日本極品1人樣的代表就屬東京大學名譽教授、「女人行動網絡（WAN）」理事長的上野千鶴子，她在十二年前寫了超級暢銷的《一個人的老後》，當然很樂見時代不斷朝「一人家庭社會」、尊重並優待1人樣的趨勢前進，覺得算是「跟上來了」。因為在她或岩下久美子之前，日本也有許多非常傑出的「1人樣」，如對女性參政權非常盡心盡力的市川房枝，或前社會黨黨魁土井多賀子等，只是她們的時代單身女人卻受盡歧視。上野認為「1人樣」的命名太好了，也算是一種名稱帶來的勝利，像酒井順子的「敗犬遠吠」，儘管她沒有嘲諷之意，但反為三十歲未婚未生子女人帶來負面的感覺。

也還在幾年前，日本許多餐廳如壽司店、燒肉店或高級日本料理店，都是女人需男伴才能進去的秘境，因此上野千鶴子對於單身女人外食的門檻降低很開心，但她認為這股熱潮其實是市場需要所促成的。十年前她的好友湯山玲子寫了《女人一人壽司》，算是一個劃時代的探險，上野還幫她寫序文，可見當時的女人要自己去吃高級壽司有多大的阻力。湯山後來還組了一個女人自己捏壽司的「美人壽司」。

日本女人的行動力也改變了國際的消費習慣，像是飯店房間、高級休閒地

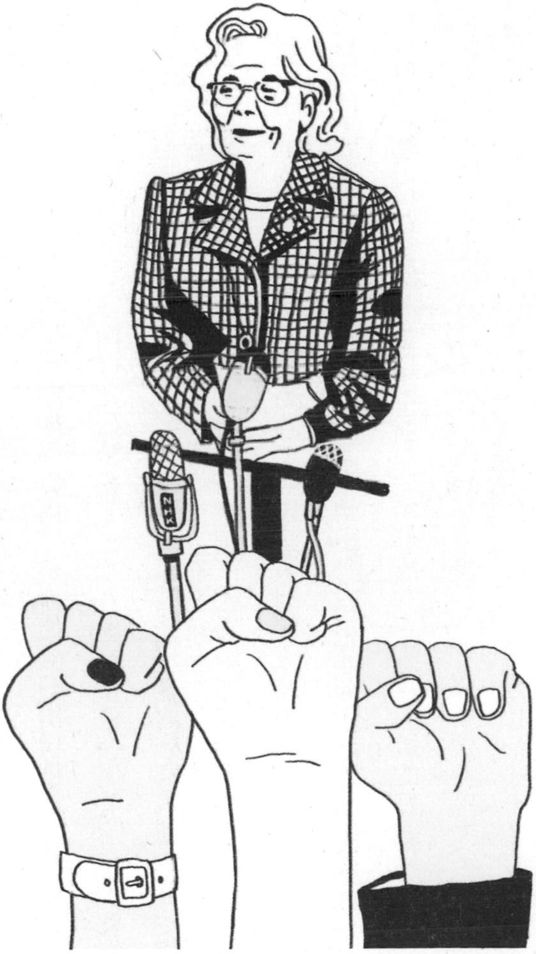
NHK

一般都只放一張雙人床，日本單身女人結伴旅行越來越多，但就算感情再好也不想一起睡一張床，飯店因此增加很多有兩張床的房間。日本女人很堅強，一個人四處都能去，只不過高級休閒地、飯店，結伴比較經濟，還能互相壯膽。

相較之下，日本男人就顯得比較脆弱，日本社會非常優待男人，也因此男人很難出示自己的脆弱，且很多人沒有朋友，不像單身獨居女人還會互相聲援，以至於他們無法像女人不寂寞就說不寂寞，如果寂寞就嚷叫寂寞，然後找人一起玩、一起談心。事實上，不論是否單身，現代人或許因為忙碌而忘記寂寞，但任何人都有寂寞的時候，如果學會說出來，在這個處處優待個人的社會，就會過得更舒適自在了。

LOCUS

LOCUS

LOCUS

LOCUS